PIANISTES

DU MÊME AUTEUR

CE SACRÉ HEMINGWAY, Fayard.
DERNIÈRES NOUVELLES DU MONDE, Acropole.
DU MIEL POUR LES OURS, Acropole.
LA FOLLE SEMENCE, Laffont.
L'HOMME DE NAZARETH, Laffont.
MONSIEUR ENDERBY, Acropole.
NEW YORK, Time-Life.
L'ORANGE MÉCANIQUE, Laffont.
LE PAYS OÙ POUSSENT LES GLACES, Gallimard.
LES PUISSANCES DES TÉNÈBRES, Acropole.
ROME SOUS LA PLUIE, Seghers.
SHAKESPEARE, Buchet-Chastel.
SUR LE LIT, Denoël.
LA SYMPHONIE NAPOLÉON, Laffont.
LE TESTAMENT DE L'ORANGE, Laffont.
UN AGENT QUI VOUS VEUT DU BIEN, Gallimard.
LE ROYAUME DES MÉCRÉANTS, Grasset.
HOMMAGE À QWERT YUIOP, Grasset.

ANTHONY BURGESS

PIANISTES

roman

traduit de l'anglais par
JEAN-PIERRE CARASSO

BERNARD GRASSET
PARIS

L'édition originale de cet ouvrage a été publiée en 1986 par
Hutchinson Ltd, à Londres, sous le titre :

The Pianoplayers

A Liana,
che conosce tutta la scala
cromatica dell'amore.

Un

On peut me voir tous les après-midi pendant les mois d'été assise à l'une des tables sur la place sous les marronniers devant une glace à la vanille arrosée d'un petit peu de whisky. Les tables emplissent toute cette place, qui constitue pour ainsi dire le centre social, le principal lieu de rencontre et d'échange de la petite ville de Callian dans le Var, et donc en Provence, et donc dans le sud de la France. La moitié des tables appartiennent aux Marronniers et l'autre moitié au Petit Vatel, et les nouveaux venus n'ont pas d'autre moyen de savoir quelles tables appartiennent à quel café que de s'asseoir et d'attendre. Si c'est Philippe, le petit gros aux cheveux bouclés mais à la calvitie naissante, qui vient s'enquérir de ce que l'on désire, c'est que l'on est client des Marronniers. C'est un restaurant en même temps qu'un café et quelques-unes des tables sont dressées pour le repas pendant les mois d'été. Il y a trois très jolies filles pour servir, et il m'arrive, c'est la force de l'habitude, de les regarder d'un point de vue un peu commercial. Il y a la femme de Philippe, Jeannette, il y a l'Allemande, Trudi, qui est fiancée au boucher du coin, et il y a la jolie Française blonde qui n'est pas encore mariée ni même fiancée mais qui est toujours à embrasser et à cajoler le garçon très brun qui travaille chez Bazin, le garagiste, même quand elle est de service. Elle s'appelle Mirabelle et a toujours l'air d'être à moitié nue, avec ses bretelles qui lui glissent sur les épaules quand elle apporte les plats et sa jupe fendue presque jusqu'au derrière. Ah, bah, elle est telle que Dieu l'a faite. La place forme un triangle, dont le côté le plus long borde la grand-rue qui est la route de Grasse dans un sens et de Draguignan dans l'autre mais en est séparé par des buissons en pot et deux grands marronniers, le côté le plus court étant la façade de l'église avec le banc où monsieur le curé s'assied avec son col et sa cravate pour montrer qu'il est prêtre. Le troisième côté est la Cascade, avec de l'eau qui ne cesse de tomber en éclaboussant à travers une espèce d'enchevêtrement de verdure dans un grand bassin sur lequel flottent des emballages de bonbons et de crème glacée, puis il y a la maison de Mme Guillemot, qui marmonne et descend les marches de son perron à reculons, et puis la boutique qui vend des cigarettes et des journaux et du papier à lettres et des lotions solaires et des espadrilles. Elle possède en devanture deux présentoirs tournants, l'un rempli de journaux et l'autre de revues comme *Paris-Match* et *l'Express* et quelques-unes extrêmement cochonnes, tout en mains baladeuses velues et en mamelles. Nombre d'entre nous qui prenons place ici utilisons ces deux présentoirs comme une bibliothèque municipale, lisant ce qu'il y a à lire sans l'acheter. M. Rue qui dirige l'établissement pique parfois des colères mais il s'en remet vite, la nature humaine étant ce qu'elle est, particulièrement ici, dans le Var. J'étais en train d'examiner un jour un exemplaire d'une revue musicale intitulée *Gamme* quand l'idée de faire quelque chose pour la mémoire de mon pauvre père m'est entrée dans la tête. Car la revue contenait une interview de mon petit-fils le célèbre pianiste ainsi qu'une photographie sur laquelle il semblait fort beau.

J'aurais laissé passer cette idée, vous savez, avec cette chaleur et puis la paresse, s'il ne s'était produit autre chose et puis encore autre chose. Le premier de ces événements fut que je restai éveillée jusqu'au beau milieu de la nuit, incapable de trouver le sommeil à cause de la chaleur et des moustiques et d'une vague indigestion que je devais à une bouteille de côte de provence bue aux Marronniers, le vin français n'étant plus ce qu'il était. J'écoutais le programme de la BBC pour l'étranger sur ma petite radio, et c'était une de ces émissions de disques à la demande, avec *Elle était si jolie* pour Albert Nguzumu, du sud du Nigeria, et *Ainsi parlait Zarathoustra* pour Joseph Zarathoustra — pourquoi pas, après tout ? — du nord-ouest de l'Afghanistan. Mlle Li Po Chang, de l'ouest de Sumatra, demandait *la Valse du violoneux manchot.* Eh bien, nous l'écoutons, mademoiselle Li. Ce disque avait alors et a toujours les faveurs de dix mille enfants de cinq ans des quartiers sud-est de Tokyo qui venaient de commencer le violon par la méthode Sukiyaki, qui fut en réalité inventée par mon pauvre vieux papa. Comme c'était mon pauvre vieux papa qui avait écrit ce truc, je vous en donnerai copie tout à l'heure, sans retirer l'ombre d'un penny, ancien ou nouveau, de tout cela, j'en fus plongée dans une espèce de rage désespérée, comme chaque fois ou presque que je viens à l'entendre, et j'en fus plus ou moins d'attaque pour le bonhomme qui habite en face, nos fenêtres étant toutes ouvertes à cause de la chaleur. Ce bonhomme est italien je crois bien, affublé d'un nom dans le genre de Vermicelliano. C'est un maçon qui possède deux voitures et une nombreuse famille, on les voit tous assis autour de la table pour le dîner, la femme très grossière et gueularde et lui encore plus grossier et gueulard, nu jusqu'à la ceinture pour bouffer ses spaghetti, gros tas de poils et de boutons. Ce bonhomme et sa famille peuvent faire tonitruer leur télévision toute la journée, mais que je m'avise d'allumer ma petite radio au milieu de la nuit quand j'ai une insomnie et le voilà qui s'éveille et se met à m'engueuler. D'ordinaire je baisse la radio, étant désireuse de me montrer bonne voisine pour ainsi dire, mais cette fois-là, quand il s'y est mis, je l'ai payé de retour. Il a eu droit à la plus complète et la pire des engueulades, dans le français le plus ordurier qu'on lui ait servi de toute son existence. Oh, ça lui a cloué le bec, et il marmonnait vaguement des histoires de dénonciation au maire quand, avec mon désir d'être bonne voisine, j'ai éteint la radio pour essayer de lire le dernier John Le Carré que j'avais acheté à la librairie Brittania à Cannes, c'est un écrivain bien morne qui est bon pour s'endormir.

Un truc franchement marrant, encore qu'il y ait de quoi rire un peu jaune, c'est le nom de la rue de Callian où j'ai ma petite maison d'été. C'est la rue des Muets, mais c'est la plus bruyante qu'on puisse imaginer, vous savez, avec Vermicelliano, sa femme et ses enfants, et les trois pédés algériens qui n'arrêtent pas de se disputer, et en plus elle est sale, à cause des gros chiens qui laissent leurs crottes sur le seuil des gens. Ma foi, le langage ordurier que je me suis permis cette nuit-là montrait que j'étais aussi faite pour la rue que n'importe lequel de ses habitants, y compris le vieux veuf crasseux qui habite la porte à côté avec un gros clébard crasseux et velu qui partage son lit et le compisse allègrement, c'est du moins ce que racontent les commères chez Mme Durand, la boulangère. À me voir, pourtant, on ne me croirait jamais capable d'une chose pareille. Je suis une gentille petite vieille toute mince, le cou un peu décharné mais c'est bien naturel, et mes cheveux blancs sont joliment teintés de bleu par le meilleur coiffeur de Cannes, l'endroit où je passe l'hiver, et mes ongles sont très soignés et vernis cannelle et je porte un peu de rouge à lèvres et d'ombre à paupières et d'ordinaire on me voit vêtue d'un tailleur-pantalon de bonne coupe bleu ou gris ou écru. Je m'enorgueillis d'être très anglaise, j'essaie même de parler français avec l'accent, mais les vieilles habitudes, comme on dit, bref, j'ai beaucoup de mal à le faire. On m'a appelée la Belle Hélène du temps de ma splendeur mais je suis née Ellen Henshaw et je conserve mon nom de jeune fille.

Vous savez, quand on arrive à Callian sans connaître, et qu'on s'assied dans la partie de la place qui dépend du Petit Vatel, c'est une femme d'environ trente-cinq ans nommée Claudine qui traverse la chaussée, ayant parfois à attendre pour ce faire que soient passés les gros camions frigorifiques, venue du Petit Vatel vous demander ce que vous désirez. Elle porte une robe avec un bout de ficelle autour de ce qui fut autrefois sa taille et elle ressemble à un tableau de Picasso, un de ces profils dont on voit pourtant les deux yeux. J'ai connu Picasso pendant une demi-heure environ, parce qu'il vint jadis à Paris faire usage de mes services mais fut incapable de rien faire, mais ça, c'est une autre histoire. Le Petit Vatel était une auberge avec un restaurant, mais maintenant toutes les chambres sont fermées et ce n'est plus qu'un café plein de vieux à casquette qui jouent aux cartes en laissant tomber sur eux la cendre de leurs Caporal. Mais il y a des gens pour croire que c'est encore un hôtel qui viennent y chercher une chambre. C'est ce qui est arrivé au jeune homme qui me donne un coup de main pour ce récit.

J'ai vraiment eu pitié de lui quand il est arrivé en ville en traînant la patte, venant de Montauroux avec son short crasseux, ses jambes poilues toutes couvertes de piqûres de moustiques et son grand sac sur le dos, le visage ruisselant de sueur, les lunettes embuées. Il a demandé une chambre pour la nuit et peut-être pour plus longtemps à Claudine en très mauvais français mais elle s'est contentée de secouer la tête d'un air très rébarbatif, alors il s'est assis à la table voisine de la mienne à l'ombre du gros marronnier de la place et il a commandé une petite bouteille de Perrier. Je sais qu'il ne m'en voudra pas de raconter ces choses. Après tout, c'est lui qui transcrit tout ça d'après le magnétophone à cassettes. Il s'appelle Rolf Marcus et dit venir d'un bled appelé Angostura ou quelque chose dans ce goût-là, au Nouveau-Mexique.

– Vous cherchez un logement, mon petit ? ai-je demandé.

Et lui :

– Dieu soit loué, quelqu'un qui parle anglais. Dans l'autre bled de merde, là, Monty Roo ou je ne sais pas quoi, on m'a dit que tout était complet mais que je trouverais un grand hôtel vide ici, dans ce bled de merde.

— Je vous serais reconnaissante, dis-je, de bien vouloir éviter de dire merde devant une dame de mon âge et de ma qualité. Le grand hôtel vide, vous y êtes précisément. Et c'est ainsi que les gens le veulent et donc il reste vide.

Je ne pouvais m'empêcher de m'apitoyer un peu sur lui, il ressemblait à mon propre fils lorsqu'il était, comme cela lui arrivait si souvent, plein de colère et de frustration.

— Un garçon de votre âge, dis-je, devrait dormir à la belle étoile. Puisque vous ne vous rasez même pas.

C'est qu'il avait la barbe rousse, vous voyez. On ne lui aurait pas donné trente ans mais je sais maintenant qu'il en avait trente et un.

— Il me faut une table, une chaise et un rien de tranquillité, dit-il. Dans ce sac, sur mon dos, il y a ma machine à écrire, et je suis venu en France pour vaincre la crampe. Vous savez ce que c'est que la crampe ?

— Crampe est un mot qui possède plusieurs significations, dis-je, et l'une d'entre elles est cochonne.

— Est-ce que j'irais débiter des cochonneries à une vieille dame ? J'ai touché une avance pour écrire un bouquin et je n'arrive pas à l'écrire, c'est la crampe de l'écrivain. J'ai besoin d'une chambre sympa et bon marché pour vaincre la crampe. Où puis-je la trouver ? Comment s'appelle la prochaine ville, sur cette route ?

C'est alors que l'idée a commencé à me venir, son arrivée à lui étant la troisième des trois choses.

— Quel genre d'écrivain êtes-vous ? dis-je, en dehors du fait que vous écrivez des bouquins ?

— Je fais un truc sur les garçons de plage, dit-il. Des interviews entièrement réécrites. J'ai appelé ça *La houle me donne les boules,* ils n'en ont pas voulu en Europe. Z'êtes française ? ajouta-t-il alors.

— Pourquoi serais-je française ? dis-je.

— Vous parlez anglais avec un drôle d'accent, quoi.

— C'est vous qu'avez un drôle d'accent. Moi j'ai ce qu'on appelle l'accent du Lancashire, dis-je.

Et puis j'ai dit :

— Dans ma petite maison il y a ce qu'on appelle ici un grenier. Il est tout en longueur et très bas de plafond, alors vous devrez faire attention à votre tête.

— Vous dites ? a-t-il dit. Vous m'offrez une chambre ? Sans blague ? Combien ?

— Rien, ai-je dit. À condition que vous n'utilisiez jamais la cuisine, bien que vous puissiez vous servir de la salle de bains et des toilettes, si vous les laissez propres. L'autre condition, c'est que vous écriviez mon livre sur mon père.

— Mais je ne connais pas votre père. Je ne l'ai pas connu, c'est ça que je veux dire. Vous me faites marcher ?

— Je vous fournirai tous les éléments, dis-je. Vous n'aurez qu'à les écrire. L'écriture n'est pas mon fort car j'ai exercé une activité assez différente.

Voici qu'à ce moment-là une auto a traversé la route pour venir se garer et qu'un homme et sa famille, composée d'une épouse et de trois gosses, en sont descendus, les gosses poussant des clameurs pour avoir des cocas et des glaces. C'était un homme d'une cinquantaine d'années, chauve, avec une brioche et un début de bajoues, sa femme nettement plus jeune, une de ces Françaises blond délavé et les gosses assez

Deux

Il y a les violonistes et puis les violoneux. Mais en face des pianistes, il n'existe pas de pianeux. C'est à cette deuxième catégorie qu'aurait appartenu mon pauvre vieux papa. Rolf Marcus me suggère « joueur de piano » mais ce trou entre les deux mots ne donne pas une bonne idée de ce qu'il était. Le piano. Un silence. Le joueur. Le piano attend. Puis le joueur entre et l'on applaudit à tout rompre. Non, ce n'était pas comme ça pour mon pauvre père. « Pianotier » donnerait une meilleure idée de lui et de son instrument ne formant qu'une chose unique, un ensemble forcé. Au pub, au cinéma et au bout de la jetée à Blackpool, il fut toujours le pianotier. Pas d'applaudissements pour mon papa. Il n'était ni Schnabel ni Rubinstein ni Horowitz ni son propre arrière-petit-fils. Il était le pianotier.

Un pianiste, avait-il coutume de dire, c'est un type en queue-de-pie avec une cravate blanche qui interprète Chopin à merveille et jamais, à moins d'être Schnabel, ne fait une fausse note. S'il est Schnabel, les fausses notes sont attendues et font partie de son style. Il lui arrivait de dire parfois que Schnabel s'entraînait aux fausses notes. Mon papa n'avait pas à s'entraîner. Elles lui venaient naturellement, en mineur ou en majeur selon les cas.

Peut-être que je donne un peu trop libre cours à mon imagination mais ce mot de pianotier risque je ne sais comment de donner l'idée de quelqu'un qui joue très vite en enfonçant perpétuellement la pédale. Mon papa pouvait jouer assez lentement et, parfois, le piano avec lequel il travaillait avait des pédales qui ne fonctionnaient pas. Mais le genre de boulot qu'il décrochait en général réclamait effectivement que l'on martèle vite et fort pour couvrir les autres bruits. Vous voyez, pas de pianissimo pour lui. S'il avait joué pianissimo, il ne se serait pas fait entendre. On se serait écrié : « Où est-il encore passé, ce foutu pianiste ? » Quand il voulait jouer quelque chose de joli et de doux et que les autres réclamaient du boucan, il lui arrivait de dire :

– Je joue p.

(En anglais prononcer *pi*, d'où la suite.)

Alors un humoriste levait sa pinte en disant :

– Et nous nous la buvons !

(La pi... la pisse, quoi...)

– P P P, ça veut dire doux. C'est l'abréviation de *piano*, qui est le mot italien pour doux, doucement. *Piano*. Doucement. Cet instrument s'appelle un piano. Son vrai nom est *pianoforte*, et *forte* veut dire fort. Si l'on veut jouer fort tout le temps, alors l'instrument dont on a besoin est un *forte*. Et donc fous-moi la paix et laisse-moi faire mon boulot. Si je peux dire.

Il pouvait dire. C'était un professionnel du piano. Professionnel. Il n'était pas trop persuadé de mériter ce nom. Professionnel voulait dire cravate blanche, queue-de-pie et applaudissements, un professionnel savait tout et possédait un vaste répertoire. Mais, comme j'avais coutume de lui faire remarquer, professionnel veut dire aussi qui gagne sa vie de cette manière. On peut jouer comme un amateur et n'en être pas moins professionnel. Et c'était ainsi qu'il gagnait sa vie, c'est sûr. Si l'on peut appeler ça une vie. Mon père, le professionnel du piano. J'ai été une professionnelle, moi aussi, comme mon papa, mais j'étais plutôt le piano que le joueur et ceux qui ont joué sur moi auraient, dans la plupart des cas, été bien embarrassés de manier ne fût-ce que des baguettes pour manger dans un restaurant chinois. N'empêche, ils payaient pour leur petit morceau de musique. Je vous en dirai plus tout à l'heure à ce sujet, si vous pouvez le supporter.

Je vins au monde pendant que la Première Guerre mondiale martelait à tout va, la pédale bien enfoncée, et que mon père, bien qu'il fût officiellement caporal dans l'Army Pay Corps, l'intendance, qu'on appelait l'Apple Pie Core (noyau de tarte aux pommes), faisait de son mieux pour vaincre les Huns en jouant du piano en kaki. Il était C3 à cause de ses poumons et avec un tas d'autres inaptes appartenait à la brigade récréative de la division. Il avait été en France, loin derrière les lignes, prêt à offrir un brin de divertissement aux hommes qui revenaient du front. C'était le genre de truc qui existait à l'époque et qui existe encore en Australie — je pense aux Girls de Sydney, ces bonshommes habillés en femmes qui lancent haut en l'air leurs grosses jambes velues. Ils chantaient *J'ai la rate qui se dilate,* les succès des Bing Boys et jouaient des sketches dans lesquels on voyait le juteux apporter leur petit déjeuner aux hommes de troupe, et ainsi de suite. Mon papa portait un costume de pierrot par-dessus son uniforme et frappait comme un beau diable. Il faisait de son mieux.

La fin de la guerre était toute proche quand il eut son rêve, à la caserne. Il rêva que ça n'allait pas trop bien à la maison, c'est-à-dire la maison que nous habitions à Manchester, au numéro 81 de Bagshot Street, Harpurhey. Il était à Preston, dans le Lancashire, à l'époque, ayant quitté la brigade récréative, et alignait les comptes des réquisitions, et voilà que dans son rêve il avait vu ma mère en chemise de nuit, tout environnée de flammes et hurlant : « Rentre à la maison, Billy, pour éteindre le feu. » Il demanda une perm qu'on lui refusa et il sortit donc de la caserne, prit le train, puis le tram et introduisit d'une main qui tremblait très fort sa clé dans la serrure. La maison était très froide, les rêves s'exprimant par les contraires, et il n'y avait pas un bruit à l'exception de mes pleurs. Il se précipita à l'étage et trouva ma mère et mon frère Dan qui avait quatre ans morts sur un lit, et moi qui pleurais, bien vivante, sur l'autre, une simple couchette. C'était la grippe. C'était la grippe qui tuait, pas la guerre, une petite blague de Dieu en somme. La voisine, Mrs Rowbotham, censée soigner mon frère et ma mère, qui avaient simplement pris froid, semblait-il, quand ma mère avait écrit pour la dernière fois, avait été frappée aussi et était étendue morte en même temps, sans pénétrer dans les rêves de son mari, là-bas dans les Flandres, parce que le pauvre diable venait de se faire régler son compte par une balle allemande. Quel fichu monde. Quelle saloperie dégueulasse de bordel sanglant que notre monde. Et on vous dira que la vie est belle. Et ce qui est marrant, c'est qu'elle l'est, Dieu nous vienne en aide.

Mon père envoya un télégramme à la caserne, racontant ce qui s'était passé, et on lui en renvoya un lui enjoignant de rentrer aussitôt pour répondre de l'accusation d'absence sans motif. Alors il dit allez donc vous faire foutre, et ajoutez ça à l'accusation pendant que vous y êtes (pas dans un télégramme, rien que pour lui-même), et il s'occupa de faire enterrer mon frère et ma mère au cimetière de Moston. Puis, ou en même temps, ou avant, quelle importance, il m'emmena chez sa belle-sœur, ma tante Bertha, dans Delauneys Road, à Higher Crumpsall, et dit : « Pour l'amour du ciel, ne crève pas de la grippe, toi aussi. » C'était une vieille pie maigre et dure comme un clou, de quinze ans plus âgée que ma pauvre mère, qui vous aurait envoyé la grippe balader en pleurnichant rien qu'en lui en retournant une ou deux si jamais elle avait osé se présenter à sa porte. Et donc nous n'attrapâmes la grippe ni elle ni moi, ni ses deux filles qui travaillaient au ministère des Anciens Cons Battus — merci, Rolf — comme sténo-dactylos. Et donc mon père retourna pour s'entendre dire que s'il voulait jouer au petit soldat, on connaissait la musique — c'était doublement faux en l'occurrence, parce qu'il avait fait ce qui devait être fait et la famille avant tout et aux chiottes l'armée et merde pour la guerre et puis justement la guerre se termina, donc ça ne faisait plus rien. Et il quitta l'armée et se mit en quête d'un boulot où il fallait jouer du piano. La plupart de notre mobilier de Bagshot Street fut vendue, à l'exception bien sûr du piano, de marque française, Gaveau, Paris, *Médaille d'Or* 1878, qu'il fit transporter dans le salon de ma tante Bertha. Ma tante Bertha, à propos, était devenue veuve avant la guerre, lorsque mon oncle George, ou Jud, comme on l'appelait, que je n'ai jamais connu mais qui n'en était pas moins censé être mon oncle au ciel, s'était fait écraser par un tram dans Queen's Road, à Miles Platting. La maison n'était pas si grande que ça, mais il y avait assez de place pour mon père et moi et ma couchette dans la chambre d'amis, et il y avait indiscutablement assez de place pour le piano dans le salon. L'idée était que mon père donnerait des leçons à quiconque aurait les moyens de s'en payer, à un shilling la leçon, et on mit un écriteau à la fenêtre qui proclamait LEÇONS DE PIANO 1/- DE L'HEURE. L'ennui, c'était que les gens, quand ils désiraient des leçons, c'est-à-dire généralement pour leurs gosses, les voulaient le soir et que le soir mon père jouait du piano au cinéma Gem, dans cette même Queen's Road où mon oncle au ciel Jud s'était fait écraser par un tram de la Manchester Corporation. Et quand ils voulaient des leçons pendant la journée, ils ne pouvaient les prendre que le dimanche, ce qu'ils ne voulaient pas, dimanche étant un jour de repos, ou le samedi matin, car le samedi après-midi il y avait la matinée des enfants au cours de laquelle mon père jouait, bien sûr, pas très bien en règle générale car ce jour-là il allait boire son déjeuner au Golden Eagle de Lodge Street à Miles Platting, ce qui signifiait qu'il ne donnait pas beaucoup de leçons le samedi matin non plus.

Évidemment, rien de ce qui se passait alors dans la vie de mon père n'avait beaucoup d'importance pour moi, vu que j'étais toute gamine. Je n'ai pris conscience de la vie, pour ainsi dire, qu'en 1921. Je me rappelle des tas de choses qui se sont produites alors, tante Bertha nettoyant les tapis-brosses avec des feuilles de thé et un balai, me nourrissant de trop de pain et de saindoux et de tartines de frites et de poisson frit et de portions à deux pence de « petites », qui est le nom qu'on donnait aux petits morceaux de pâte à beignet bien croustillante qui tombait du poisson pendant qu'il était en train de frire, et mon papa qui me réveillait parfois parce qu'il n'avait pas le pied assez léger quand il rentrait d'avoir joué pour la deuxième séance de la soirée. Parfois ma tante Bertha et lui avaient une terrible empoignade à propos d'une chose ou d'une autre et elle hurlait : « Va-t'en, je veux plus de toi dans c'te baraque, trouve-toi un travail convenable et remarie-toi. Allez, du balai. » J'avais souvent des cauchemars. Le plus gros cauchemar était lié à la grande affiche d'une gitane sur le mur de la chambre, un grand visage sombre avec des tas de cheveux noirs et de grands yeux noirs qui vous dévisageaient et mon père disait que ça s'appelait ATTENTION. Le cauchemar commençait quand ce portrait s'ouvrait comme une porte et à l'intérieur il y avait des petits hommes qui dansaient partout et dont je savais qu'ils étaient faits de crottin de cheval. Il y avait beaucoup de crottin sur les routes en ce temps-là et par les après-midi tranquilles on entendait les gens le ramasser à la pelle pour fumer leur jardin. C'était tout ce qu'on pouvait gagner en suivant les chevaux, comme on disait à l'époque. Quand je voyais ces petits hommes, je me réveillais en hurlant et puis tout le monde était réveillé et entrait dans la chambre et la lumière s'allumait et les pieds nus sur le linoléum. Ils auraient pu mettre un terme à ce cauchemar en se débarrassant de l'affiche, mais ils ne le firent jamais. C'est dingue ce que les gens peuvent être conservateurs et obstinés par moments.

Mes deux cousines, les dactylos de la ville, s'appelaient Freda et Ethel, et il me semble toujours que je me les rappelle comme une seule fille avec deux corps, Frethel ou Eda si vous voulez. Elles étaient brunes, boulottes, et n'étaient peut-être plus tout à fait assez jeunes pour être des filles, et elles avaient des petits amis qui auraient fort bien pu être un unique petit ami coupé en deux, pour ce que j'en savais. Des gens très falots, comme la plupart des gens. Ma tante n'était pas falote, encore qu'elle fût grisâtre, comme il convenait à une veuve en ce temps-là, et elle possédait une voix très puissante. Elle me gueulait : « Finis ton poisson et tes frites, le poisson et les frites, ça coûte des sous, espèce de petite gâcheuse. » Quant à mon papa, il était de taille moyenne et d'intelligence moyenne et il avait une brioche moyenne à force de boire de la Bass à la pression. Il était coiffé d'un pot puisque c'est ainsi qu'on appelait les melons à l'époque. Il avait des cheveux roux qui se clairsemaient et il fumait des Wild Woodbine. J'ai commencé d'apprendre à lire sur ses paquets vides. J'ai aussi appris mon premier petit bout de français sur les bouteilles de sauce HP : « Setty sauce di premier choiks », ça commençait comme ça. En 1921 mon père devait faire une cour acharnée quelque part, parce que ce fut en 1922 qu'il me dit que j'allais avoir une nouvelle maman et que nous allions habiter un pub. Je m'étais déjà mis à appeler ma tante Bertha maman à cette époque et je lui criai que je ne voulais pas en avoir de nouvelle. Mais il le fallut bien, que cela me plût ou non.

En réalité mon père n'allait pas se marier. Non, ce qu'il comptait faire, c'était se mettre en ménage avec une femme qui tenait un pub, une femme séparée de son mari, qui s'était fait la malle avec une jeune femme, une serveuse je crois que c'était. La femme tenait la licence du pub du mari qui était mort auparavant, pas celui qui s'était fait la malle. Le pub s'appelait Les Raisins, bien qu'on n'y vendît pas de vin, en dehors du porto et du xérès. Il était dans un quartier où s'entassaient les taudis, il était grand et plein de rails de cuivre et possédait deux salles de chant, comme on les appelait, ainsi que tout un tas de recoins bizarres et de salles réservées aux dames et autres. J'avais une chambre pour moi toute seule désormais, à côté de celle où mon papa couchait avec la femme que je devais appeler maman et qui s'appelait Rosie O'Brien, une Irlandaise de Manchester. Mon père servait au bar et jouait du piano dans la grande salle de chant. Il ne touchait pas de salaire, me dit-il par la suite, rien que de l'argent de poche. Je pleurais beaucoup, étant bien seule, et n'aimant pas trop les gosses aux pieds nus de la rue minable, non plus que les clients du pub d'ailleurs qui sentaient la bière et m'appelaient trou du cul. Il y avait beaucoup de bruit et pas mal de bagarres vers la fermeture. Ce n'était pas l'endroit rêvé pour élever une enfant.

Je n'y fus pas élevée longtemps. Mon père eut une terrible engueulade avec Rosie O'Brien, que j'étais censée appeler maman. Cela avait affaire avec ce que son deuxième mari avait fait, c'est-à-dire un rien de claques sur les fesses et de chatouilles et puis un peu plus avec une des extras. Avant que j'eusse le temps de bien savoir ce qui se passait, papa et moi allâmes loger à Moss Side, dans ce qu'on appellerait aujourd'hui un meublé, crasseux, sombre et, pensai-je, peu coûteux, avec un seul lit d'une personne pour lui et où moi je dormais sur un vieux canapé délabré, avec un réchaud à gaz et des toilettes et une salle de bains communes à tous ceux qui habitaient l'étage. C'était dans Lincroft Street, une rue adjacente à Moss Lane East et mon père travaillait désormais au cinéma Royal que dirigeait Jackie Innerfield. Je me rappelle qu'il me dit, tandis qu'il défaisait la page de *News of the World* (*Nouvelles du monde*) qui enveloppait le poisson frit et les frites qu'il avait achetés pour notre dîner dans Princess Road :

— Plus jamais, ma fille. Ce sera rien que toi et moi désormais. Il n'y a jamais eu aucune femme comme ta mère et il n'y en aura jamais.

Il posa le poisson et les frites sur deux vieilles assiettes aux motifs de saules et alla chercher le sel et le vinaigre dans le placard.

— Plus jamais, dit-il. Qu'elles aillent toutes au diable.

Nous ne possédions plus rien désormais, pas même le piano français, mais mon père avait ce boulot, et il espérait en obtenir un meilleur au cinéma Piccadilly de Piccadilly — à Manchester, parce que les gens oublient parfois que Londres n'est pas la seule ville dotée d'un Piccadilly —, où il jouerait avec l'orchestre.

J'avais commencé à aller à l'école, une école catholique tenue par des religieuses. Ça s'appelait les Martyrs anglais, et mon père m'y emmenait le matin, m'en ramenait à l'heure du déjeuner, m'y reconduisait dans l'après-midi et m'y attendait à la sortie à quatre heures, à moins que ce ne fût un jour de matinée. Ces jours-là, il me faisait confiance pour rentrer toute seule. J'aurais fort bien pu rentrer toute seule les autres jours, mais je crois que mon papa voulait se sentir moins coupable de n'être pas en mesure de trouver un emploi de jour comme tout le monde. Il devait se présenter les choses à lui-même de la manière suivante : il n'avait pas le droit de travailler pendant la journée, à l'exception des jours de matinée, alors qu'il devait veiller sur moi. Le soir, tout ce qu'il pouvait faire c'était de m'emmener avec lui au Royal qui était vraiment un cinoche miteux et me planter là au premier rang où il pourrait m'avoir à l'œil tout en regardant l'écran. De cette manière j'en vins à fort bien connaître les films, encore qu'en très gros, la mouche sur la paupière d'un personnage clairement visible, sans compter le torticolis qui devint presque une habitude, une raideur de la nuque qui était bonne pour mon port, comme on dit. Je connais les films de disons 1924 jusqu'au *Fou chantant* mieux que personne au monde, puisque j'ai vu la plupart d'entre eux trois fois au moins. Je ne les ai pas toujours vus dans la même salle car mon papa changeait beaucoup, renvoyé là, repris ici. Il ne décrocha jamais le bon boulot du Piccadilly. On dit qu'il n'était pas assez bon. En un sens c'était vrai.

Voici le sens dans lequel c'était vrai. Mon papa ne pouvait pas jouer avec un orchestre. Ce n'était pas dans ses cordes de gratter pour un gratteur de corde, fût-il premier violon. Ce dernier, le chef d'orchestre, décidait du programme pour le grand film, commençant par une marche et poursuivant par une valse, puis un quelconque intermède, etc., et il y avait des portions entières du film qui même pour quelqu'un de particulièrement sourd à la musique n'avaient strictement rien à voir avec celle qu'on jouait à ce moment-là. L'orchestre jouait encore *le Printemps* de Mendelssohn alors que la prairie était couverte de neige. Il jouait la fin de l'ouverture de *Poète et Paysan* pendant que les amants échangeaient leur premier baiser. Mon papa ne pouvait résister à la tentation de s'interrompre pour jouer ce qui lui semblait adéquat — de grands accords tonitruants pour la chute de Jéricho alors que les autres en étaient encore à la *Mélodie en fa* de Rubinstein. Cela fut cause de tas d'ennuis. Ça n'arriva pas au Piccadilly que mon père ne parvint jamais à approcher, ni même au Royal, qu'il quitta parce qu'il ne pouvait supporter l'arrogance des deux filles d'Innerfield, mais au Star, dont le gérant faisait venir une batterie et des violons le samedi soir, ce que mon père jugeait intolérable. Voici ce qu'il dit au gérant :

— Écoutez, vous dirigez une salle de cinéma, alors vous devriez vous y connaître un peu en films. Les films sont faits de scènes très courtes. On coupe, couper est le mot qu'on emploie au cinéma, très rapidement d'une scène à quelque chose de différent. La musique devrait faire exactement la même chose, et cela veut dire un homme seul, quelqu'un qui joue du piano. Un orchestre, c'est seulement une façon de gaspiller l'argent de la maison.

— Qui dirige cette salle, Billy ? dit l'autre.

— Bah, ne dites donc pas de bêtises, vous n'y connaissez rien. Je jouais déjà dans les salles avant-guerre pendant que vous essayiez de vendre des cravates.

Ce qui était vrai car les directeurs de salle n'étaient que de petits bonshommes imbéciles qui endossaient une veste de smoking chaque soir pour bien montrer qu'ils étaient les patrons, ramassaient la recette, payaient les salaires et tentaient de se faire les filles qui montraient leurs places aux clients, les ouvreuses, comme on les appellera par la suite. Le directeur, Fred Hawkes, savait que mon père avait raison. Mais il dit une chose en 1925 qui était comme une prophétie :

– Un de ces jours, la musique sera enregistrée sur une espèce de gros disque de gramophone accouplé aux bobines. Tout arrangé à l'avance et correspondant exactement. Je n'aurai plus à t'écouter, toi ni aucun pianiste de bastringue qui se prendra pour Paderouski.

Évidemment, sa prophétie n'allait pas assez loin. Ce n'était qu'un petit bonhomme idiot qui sentait la bière et le cachou.

Le piano sur lequel mon père devait jouer au Star était un vieux machin déglingué qu'on n'accordait jamais mais mon papa ne se plaignait pas. Il me fit voir un samedi après-midi, juste avant la matinée, avec les gamins qui piaillaient à la porte pour qu'on les laisse entrer, ce qu'un homme de ressources, comme il s'appelait lui-même, pouvait faire même avec un piano détestable.

– Toutes ces notes-là dans les basses, c'est rien que du boucan, mais c'est très utile pour les tambours et le tonnerre et ainsi de suite. Et ce ré-là a sauté, mais c'est parfait pour quelqu'un qui cogne au carreau. Et ce mi bémol là-haut près du haut est tellement descendu qu'il est pareil qu'un ré bémol, et ça veut dire que je peux faire un trille sur une seule note très vite. Plus vite que ce que Paderouski pourrait faire sur un piano comme il faut.

Mon père avait dépouillé le piano de tous ses panneaux de bois, de telle sorte qu'il pouvait frapper directement les cordes avec un petit maillet qu'il avait chipé pour produire un effet de cloches et de cithare.

Comme il le disait lui-même, il était plus qu'un joueur de piano quand il s'agissait des films, il était aussi bruiteur. Il s'enorgueillissait de posséder toutes sortes de petits trucs et machins qu'il avait trouvés ou piqués pour donner ce qu'il appelait une plus grande réalité. Il avait une petite sonnerie à remontoir pour quand on sonnait à la porte sur l'écran. Qu'un berger jouât de la flûte à ses moutons dans les prés et il intervenait avec un pipeau irlandais. Pour la pluie, il avait l'habitude de secouer des pois secs dans une boîte à biscuits en fer-blanc. Il se procura même un jour une feuille d'aluminium à secouer pour imiter le tonnerre, mais il l'avait chipée à un type qui s'était mis en tête de se fabriquer une voiture de course dans la rue et ça avait fait une histoire. Quand il y avait un phonographe qui jouait à l'écran, il en avait un vrai, un vieux portatif avec un disque de Pretty Redwing. Quelqu'un le lui chipa, alors qu'il l'avait chipé lui-même. Les clients du Star formaient un fichu ramassis qui ne fut jamais reconnaissant à mon pauvre papa de ce qu'il faisait pour leur distraction et leur instruction. Le plus clair de la musique qu'il jouait, il l'inventait à mesure. Comme il avait coutume de le dire, les bougres avaient droit à des Compositions Originales pour leurs misérables trois pence.

Les films qu'il haïssait le plus étaient les comédies, Charlie Chaplin, Chester Conklin et la suite, parce que, alors, c'était vraiment un dur travail de jouer, très vite, dans le style ragtime, sans aucun répit, pas même ici et là pour un baiser ou un câlin. Il préférait un film plein de variété lui offrant parfois l'occasion de ralentir, de jouer quelques accords de la main gauche tandis qu'il s'appuyait quelques gorgées d'une cannette de

Bass's Pale Ale avec la droite. Une grosse bonne femme assise à côté de moi au premier rang le repéra un soir qu'il faisait ça et dit que ce n'était pas juste, qu'on ne le payait pas pour ça, on le payait pour jouer des deux mains et en même temps encore. Ce qu'il fit alors fut de passer en sol bémol ou fa dièse, ce qui est la même chose bien sûr, et de jouer quelques jolis petits arpèges sur les touches noires avec le cul de sa cannette.

– Et ça, c'est permis, ma petite dame? dit-il.

Et elle répondit:

– Voyou.

Un soir il joua un petit air au beau milieu du piano avec son nez pendant que ses deux mains s'affairaient aux deux extrémités du clavier, mais personne n'apprécia, à vrai dire personne ne s'en aperçut.

Un film plein de variété, voilà ce qu'il aimait, comme je viens de le dire, et cela signifiait le passage d'un train, une maison en flammes, une scène au bord du lac pour les amoureux, des chevaux au galop (une paire de cuillers de bois dans sa main droite et des accords rapides de la gauche), un pugilat qui ne durait pas trop longtemps, une scène de bal avec *le Beau Danube bleu* de préférence, des soldats défilant dans la rue au retour de la guerre, des trucs dans ce goût-là. La tuile, c'était les scènes de bataille. Il pouvait obtenir un effet de mitrailleuse avec ses cuillers de bois, mais les canons étaient hors de sa portée. Il m'introduisit dans ses effets spéciaux quand j'eus neuf ans. Il y avait un film avec Mary Pickford, celui où elle chante *Home, Sweet Home,* les paroles s'inscrivant sur l'écran pour montrer ce qu'elle chantait, au cours de la deuxième soirée il me fit placer à côté de lui et me fit chanter la chanson, mais pas trop bien, et puis bien sûr il m'interrompit au beau milieu d'un mot ou d'une note en passant à la scène suivante qui montrait deux chiens tirant à hue et à dia sur une vieille culotte de dame ou je ne sais plus quoi.

Mon pauvre, mon cher papa, mon papa mort aujourd'hui, comme il travaillait dur et pour si peu d'argent en plus et pendant tout ce temps il s'en faisait pour moi, qui avais besoin d'une mère et n'avais qu'un père, mais il en avait fini avec les femmes, c'était ce qu'il disait, et qui ne mangeais pas ce qu'il m'aurait fallu, trop de poisson et de frites, trop de tourtes et pâtés achetés dans une boutique. Quand les tomates ou les oranges ou les pommes étaient bon marché, il m'en bourrait pour ma Santé, comme il disait, mais ça me flanquait seulement la colique. Je buvais beaucoup de lait chipé sur le perron des autres en plus du nôtre et je n'étais pas souvent malade, seulement des tas de rhumes. Il s'en faisait beaucoup à l'idée de tomber malade lui-même, parce qu'on s'empresserait de le remplacer au Star et qu'on garderait son remplaçant en plus, vu qu'il n'y avait pas de syndicat pour que les joueurs de piano combattent l'injustice des directeurs de salle, et il me dit, à moi qui n'avais pas plus de dix ans :

— Ma fille, faut qu't'apprennes, faut qu'tu sois capable de me remplacer.

— Tu veux que je prenne des leçons de piano, papa ?

— Pas de vraies leçons de piano, non, comme j'ai pris moi, avec les gammes, les traderidera et tout le tralala, non pas ça. Va falloir que je trouve un raccourci pour toi, ma fille.

Un dimanche, il rapporta un long morceau de bois qu'on aurait cru doré qu'il avait chipé dans un chantier de construction pendant que personne ne regardait, et il prit ma règle d'écolière et un crayon noir épais, qu'il devait sans cesse tailler avec un gros canif allemand qu'il avait chipé à quelqu'un pendant la guerre qui l'avait chipé à un Allemand mort, et en un tournemain il dessina un fragment de clavier sur le bois, deux octaves plus un petit bout pour être précis. Avant tout, il traça plus ou moins les touches blanches avec la règle et il dit :

– Un des gros avantages des touches noires sur le piano, c'est qu'elles montrent où on en est exactement avec les blanches, regarde, je vais dessiner les touches noires.

Et il se mit à les dessiner.

– Ici t'en as deux, dit-il, et puis t'as comme un trou, et puis t'en as trois, et puis encore un trou, et puis deux, trou, trois, trou, deux et ainsi de suite, du début jusqu'à la fin, toujours, toujours pareil, y a pas à tortiller du cul pour chier droit, si tu veux bien me passer l'expression. Alors, la touche blanche directement à la gauche des deux noires s'appelle do. Do en haut, do en bas, do au milieu qui est ce qu'on appelle un do moyen, mais toujours do. Alors tu prends ce do et tu remontes jusqu'à ce que t'aies atteint le do suivant. C'est ce qu'on appelle la gamme de do, tu vois. C'est do ré mi fa sol la si do. (Évidemment, je me rends compte que pour mes lecteurs français tout ça est beaucoup moins frappant. D'abord, chez nous, les notes sont des lettres, C D E F G A B C, et la gamme, *scale,* c'est une échelle, bref, ce que mon pauvre papa m'enseignait était beaucoup plus simple et beaucoup plus évident.) Je veux que dès maintenant tu t'entraînes à jouer ça.

– Mais c'est idiot, papa, ça ne produit pas le moindre son.

– Eh ben, t'as qu'à imaginer qu'on est devenus sourds tous les deux, ma fille, et les sons, essaye de les entendre à l'intérieur de ta tête. Bon Dieu, quoi, Beethoven était sourd comme un pot et il entendait toute sa musique.

– Qui c'est, Beethoven, papa?

– Figure-toi que c'est un Allemand qui a écrit la plus belle musique du monde alors qu'il était sourd. Si t'es bien sage, je te jouerai un peu de Beethoven demain soir quand on passera le film sur la Révolution française.

– C'est quoi la volution française, papa?

– C'est quand tous les pauvres Français qui crevaient de faim et qu'on traitait comme des esclaves se sont levés contre leurs maîtres et les ont expédiés à la guillotine qui était une espèce d'énorme lame de rasoir suspendue en l'air et qu'on laissait tomber pour couper le cou au monde, net et sans bavure. Et arrête de me poser des questions, parce que t'essayes seulement de te défiler à ta leçon de piano. Allez, pose-moi tes doigts là-dessus et joue la gamme de do.

Ce que je fis donc, et il chanta *do ré mi fa sol la si do*. Et puis nous mangeâmes une soupe en boîte, réchauffée sur le réchaud, et après ça du bœuf froid de la boutique qui vendait des plats cuisinés et puis encore du pain et du beurre et des pickles. Et puis encore après il fit une bonne théière de thé bien fort. Il n'y en avait pas deux comme lui au monde pour faire une bonne théière de thé bien fort. Les Français n'y entendent rien, qui font faire trempette à leurs ridicules petits sachets dans de l'eau tiède comme les Chinois qui trempent des souris blanches dans le miel. Tiens, ça te surprend, ça, non ? Accroche-toi, petit, et t'en apprendras encore beaucoup.

Trois

Un truc que vous allez apprendre maintenant, et je ne pense pas seulement à Rolf Marcus, qui transcrit tout ça, mais à tous ceux qui le liront, c'est à jouer du piano. Il a bien fallu que j'apprenne, moi, alors pourquoi pas vous. D'accord, pour moi c'était une Urgence, il s'agissait que je sois capable de remplacer mon pauvre papa s'il était malade, ce qu'il fut par la suite, comme vous le verrez, et pour vous ce ne serait qu'une perte de temps, c'est plus facile de brancher la stéréo, et personne ne joue plus de piano, c'est tout guitare nucléaire et compagnie. N'empêche, vous allez apprendre de la manière dont j'ai appris.

La touche blanche à gauche de la première des touches noires jumelles, pas des triplées, est toujours do. En haut ou en bas, ça ne change rien, toujours do. Le do du milieu du clavier est le do moyen, ce qui paraît raisonnable. Tout le reste s'ensuit – ré mi fa sol la si, et en descendant aussi bien qu'en montant : si la sol fa mi ré (et n'oubliez pas, en plus, en anglais D E F G A B ou B A G F E D). On peut jouer la gamme de do huit fois de suite, très vite du bas jusqu'en haut du clavier, rien qu'en utilisant son pouce. Ce fut la première chose que j'appris quand mon papa m'eut fait entrer dans la salle une demi-heure avant le début des réclames en images fixes sur l'écran. Puis il me mit sur les accords. Do mi sol. Fa la do. Sol si ré. Ceux-là, dit-il, sont les plus importants. Facile, en fait. Des triades, disait-il, entendant par là des accords faits de trois notes, tri voulant dire trois comme dans tricycle. Puisqu'il y a des tricycles, dis-je, et des bicyclettes, il devrait y avoir des biades. D'accord, dit-il, il y a do mi, fa la et sol si, mais autant faire des triades pendant qu't'y es, serais-tu trop feignante pour te servir de trois doigts ? Et d'ailleurs tant qu't'y es, dit-il, tu peux te servir d'un doigt de plus ou du pouce pour transformer ces tricycles en quatre-roues. Do mi sol si. Ça sonne un peu moche, non ? C'est pour ça qu'on dit que c'est discordant. Fa la do mi (en anglais FACE, c'est rigolo), c'est discordant aussi, la même chose que do mi sol si mais quatre notes plus haut. Essaye sol si ré fa. C'est moins discordant, hein ?

On peut faire des triades, dit-il, et des septièmes aussi d'ailleurs, sur n'importe quelle note, noire ou blanche. C'est quoi des septièmes, papa ? Les septièmes ? Les septièmes, c'est les quatre-roues, comme do mi sol si et les autres. On les appelle des septièmes parce que la distance du bas jusqu'en haut est de sept notes. T'as qu'à compter, espèce de feignante. Et donc il me fit jouer des accords sur toutes les notes blanches et ça n'était pas trop mal. Puis il me fit décomposer les accords — domisoldomisolfaladofaladosirésolsirésol —, une note très vite après l'autre comme le bruit de l'eau qui dégouline ou le son d'une harpe. Les Italiens, me dit-il, appellent la harpe *arpa*, pas étonnant, feignants comme ils sont, y veulent pas prononcer le *h*, alors tout ce qui ressemble à ça s'appelle un arpège, ce qui veut dire pareil au son d'une harpe. Tu saisis, ma fille ? Maintenant, on va faire mumuse avec les notes noires.

La note noire juste à la droite du do s'appelle do dièse. La note noire juste à la gauche du ré s'appelle ré bémol. Mais c'est le même son, papa. Ah, ma fille, dit-il, voilà un grand mystère, pas vrai ? Tu as le choix entre l'appeler do dièse et ré bémol, et restons-en là pour le moment. Et c'est la même chose pour toutes ces fichues noires. Monte fa d'un demi-ton, ça veut dire aller à la touche noire la plus proche sur la droite, et c'est fa dièse. C'est aussi sol bémol. Essaye quelques accords, vas-y. J'aimais bien les accords noirs, ils étaient plus faciles pour les doigts que les blancs. Je jouais fa dièse la dièse do dièse en même temps avec les doigts de ma main gauche et, avec les doigts de ma main droite, je ne cessais de monter et descendre à toute vitesse sur les touches noires. Un joli bruit d'eau, mais une eau sombre, je ne sais trop comment ni pourquoi. Voici un accord dont tu ne peux pas te passer, dit-il, si tu joues du piano dans un cinéma. On s'en sert pour les bagarres, les ruptures de barrage, le tonnerre, la voix de Notre Seigneur, la femme qui dit à son mari de déguerpir et de ne jamais plus remettre les pieds à la maison. Et il me le fit voir. Do mi bémol sol bémol la. Ou fa sol dièse si do. Ou mi sol si bémol do dièse. Toujours le même bruit comme qui dirait dangereux, dit-il, comme si quelque chose de terrible allait arriver ou arrivait (doucement pour ce qui va arriver, fort pour ce qui arrive), et tu peux en jouer des enchaînements infinis, chacun basé sur une touche blanche ou noire différente, au début. Et tu peux en faire des arpèges pour les rendre comme qui dirait très mystérieux.

Encore un accord, un seul, dit-il, très, très mystérieux, je vois que ça commence à entrer, alors il va falloir que je te montre très vite, c'est celui-là. Do mi sol dièse. Ré fa dièse la dièse. Tu fais ça sur n'importe quelle note, c'est bon pour les fantômes, pour Frankenstein, tous ces trucs-là.

Et puis il me laissa aller m'asseoir au premier rang tandis qu'il jouait de la musique pour accompagner les images publicitaires sur l'écran. Même cela, il le faisait avec les sons appropriés pour chacune des réclames. Pour Stone le bijoutier, il faisait des cloches et puis la *Marche nuptiale,* très haut, très tintinnabulant, scintillant. Pour le garage Harbottle, il jouait *Pour promener Mimi, ma petite amie Mimi, et son grand frère Toto, j'ai une auto.* Pour la boucherie Ollerenshaw il jouait *l'Entrecôte* et une fois il joua l'*Agnus Dei* qu'on chantait à la messe de onze heures à Saint-Thomas, ça veut dire l'Agneau de Dieu mais personne ne saisit cette petite allusion religieuse. Pour Wilson, le tabac, il jouait ce qu'il me dit être le chœur des cigarières de *Carmen*. Il n'était jamais pris de court et après la réclame les lumières s'éteignaient et mon papa devait jouer à la lueur de l'écran, non que la lumière eût de l'importance pour lui, il trouvait son chemin les doigts dans le nez dans le noir disait-il et puis il y avait le Pathé-Journal. D'ordinaire pour cela il se contentait d'une marche, *Colonel Bogey*, ou *Blaze Away*, mais parfois il plaquait l'accord dont on ne peut se passer, do mi bémol sol bémol si bémol et ses onze frères, pour un incendie, l'accord de septième diminué, comme on l'appelle et je n'ai jamais su pourquoi, ou

God Bless the Prince of Wales si ce personnage royal (je vous surprends un peu, non ?) apparaissait fumant une cigarette ou inaugurant quelque chose en coupant un ruban avec des ciseaux, et il jouait *Oh, I Do Like To Be Beside The Seaside* lorsqu'on annonçait une affluence record à Margate pour le lundi férié de *Bank-Holiday* au mois d'août. Mais les spectateurs n'appréciaient jamais pleinement tout ce qu'il faisait pour eux, tout comme ce grand imbécile de directeur. Ensuite venait le film comique et puis le grand film, et mon pauvre papa était tout le temps sur la brèche. Et il y avait deux séances chaque soir, la première et la seconde, et des matinées le mercredi et le samedi.

Une drôle d'existence, quand on y pense. Des tas de gens jouaient du piano dans les cinémas comme un petit à-côté pour les soirées et la matinée du samedi, ils exerçaient une autre profession, que ce fût couper des cheveux ou du jambon, pendant la journée. Mais mon papa disait qu'il était musicien, peut-être sacrément mauvais, mais musicien quand même, c'était ça qu'il était, et c'était des emplois de musicien qu'il essayait de décrocher pendant la journée mais apparemment il n'y en avait pas un seul. Et puis, il avait moi à s'occuper, moi qui n'avais pas de mère, non ? Et il fallait bien qu'il me fasse déjeuner à midi et demi (ce n'était jamais un bien grand déjeuner pourtant : du poisson et des frites ou une tourte à la viande avec plein de sauce tiédasse) et qu'il aille me chercher à l'école à quatre heures. En toute honnêteté je crois qu'il y avait un rien de paresse en lui, qu'il ne désirait pas vraiment un autre emploi, mais il n'y avait rien de paresseux dans la manière dont il abordait son boulot de joueur de piano. D'ordinaire il était complètement épuisé quand c'était fini. Il en donnait toujours plus que nécessaire.

Prenez cette soirée après qu'il m'eut donné la leçon sur les accords et tout ça. La leçon devait continuer à lui trotter par la tête pendant le film comique, dont la vedette était Charlie Chase, je m'en souviens parfaitement. Alors qu'il jouait *Ain't She Sweet*, il s'interrompit soudain et plaquant les accords d'une longue introduction m'appela et s'écria : « Écoute ça, ma fille. » Et il se mit à jouer et à chanter :

CABBAGE (do la si si la sol mi)
FACE– (fa la do mi)
Face de chou
CABBAGE
FACE–
Face de chou
Si t'habitais Paris et pas ce trou
On t'appellerait mon petit chou
Mais comme t'habites ici un point c'est tout
On t'appelle face de chou

Il était si content de ce qu'il venait d'inventer qu'il ne cessa plus de jouer et de rejouer l'air, non seulement pendant le film comique mais encore pendant le grand film qui était *Ben Hur*. Il n'arrêtait plus de se servir de ces notes, dolasisilasolmifaladomi, de toutes sortes de façons, même pendant la course de chars, et j'entendis un bonhomme au quatrième ou au cinquième rang dire : « Oh, bon Dieu, arrête un peu avec ça ! » Il essayait de faire deux choses à la fois, mon pauvre papa, mon éducation et l'accompagnement du film, et ça lui ressemblait bien.

Ma grande chance devait venir en 1928, je crois bien, quand j'eus onze ans, et que mon papa fut accablé de douleurs abdominales, qu'il baptisa coliques et attribua au fait d'avoir mangé trop de bananes vertes dont il avait chipé un régime sur la charrette d'un marchand de légumes pendant que personne ne regardait. Il avait cette habitude de chiper des trucs, rien d'important, pas d'argent ni de bijoux, un pâté à la viande par-ci, une plaque de chocolat par-là, ou le manteau d'une personne quand il pensait pouvoir s'en tirer ni vu ni connu, ce qui était généralement le cas. Il disait qu'il avait pris cette habitude à l'armée, de chiper des trucs, on ne pouvait pas dire que c'était du vol. Quoi qu'on pût dire, il n'avait aucune raison de se plaindre si la dizaine de bananes qu'il avait chipée se retournait contre lui. Enfin, pas toute la dizaine. Il n'en avait mangé que sept. J'avais refusé même d'envisager la possibilité de les manger, vu qu'elles étaient vertes et dures qu'on aurait dit un légume cru. Mais il en avait englouti sept, et maintenant il souffrait, se tordait de douleur sur le lit à six heures du soir et disait qu'il ne pouvait pas y aller, qu'il en était incapable, et qu'il faudrait que j'y aille à sa place. J'éprouvai une espèce d'horrible remue-ménage intérieur quand il eut dit cela.

— Je peux pas, papa, tu sais que je peux pas.

— Il le faut, ma fille, il faut que ce soit toi. Peu importe — aïe, oh, saloperie de douleur — ce que tu joueras ou comment tu le joueras du moment que tu es assise là-bas et que tu produis — aïe, la putain de souffrance — un son — oh, putain — n'importe lequel. Ces bougres sont ignorants comme des cochons et ne reconnaîtraient pas une triple croche d'un coup de pied au cul si tu veux bien me passer — aïe, putain — l'expression.

— Quel est le grand film, papa ?

Parce qu'on était lundi.

— C'est cette superproduction allemande sur la Ville de l'Avenir. Ça s'appelle *Metro Polis* — aïe, maudite soit cette putain de douleur.

— Metropol ? C'est le nom d'un grand hôtel, papa, celui-là, là, à Blackpool, où on avait pris le thé une fois.

— Non, là c'est *Metro Polis*, avec des robots et des gratte-ciel dedans et les ouvriers — aïe, putain — vivent sous terre pendant que les patrons sirotent du champagne et tout ça au-dessus. Fais-nous une bonne tasse de thé bien chaud, ma fille, ça aidera peut-être à calmer la douleur, maudite soit-elle.

— Tu l'as déjà vu, c'est ça, papa ?

— Non, rien que les réclames, c'est tout. Pour une superproduction, c'en est une, six semaines que c'était annoncé prochainement, tu devrais l'avoir remarqué — oh, Dieu maudisse ces saloperies de bananes.

— Mais y a tout le reste aussi, les actualités, le film comique et tout ça, qu'est-ce que je vais pouvoir faire, je peux pas faire une marche et *Ain't She Sweet* très vite. Oh, papa je peux pas, je peux pas.

— Pour moi, ma petite fille chérie. Fais-le pour ton pauvre vieux papa. Fais de ton mieux, personne ne peut faire plus que de son mieux — oh, aïe, la peste soit de ce mal aux boyaux, la saleté.

Et donc tremblant comme une feuille et à peine capable d'en boutonner les boutons, je mis ma robe du dimanche, que je ne portais jamais, pas même le dimanche, parce qu'il fallait la garder pour les occasions spéciales et c'en était une d'occasion spéciale, y a pas de doute, et je me brossai les cheveux et je me regardai toute pâle, hagarde et tremblante dans le miroir, puis j'enfilai mon imperméable bleu et versai à papa une troisième tasse de thé et me mis en route pendant que papa geignait plus ou moins : « Fais de ton mieux, ma fille – oh, la putain de douleur », et je sortis. J'avais l'impression de ne plus avoir de jambes du tout quand je pénétrai au Star. Hawkes ouvrit la bouche toute grande en me voyant seule et demanda :

– Où est ton papa ?

– Y viendra pas. Il a mal au ventre, vraiment mal. Alors c'est moi qui va jouer à sa place.

– Toi ? Mais tu ne sais pas. Pourquoi ne l'a-t-il pas fait savoir plus tôt, bon Dieu, j'aurais pu toucher Bert Cornthwaite qui joue au Crown les samedis, oh, merde, c'est la mouise. En tout cas, pour lui c'est fini. Tu lui diras ça de ma part, mal au ventre, tu parles !

– Je sais jouer, je vous dis. Mon papa m'a appris à jouer.

Et je descendis l'allée la tête haute. Les réclames commençaient tout juste. Je ne fis attention à personne, surtout pas à ceux du premier rang qui disaient : « Où qu'est ton papa, chérie ? » Mais je passai sous l'espèce de rideau noir crasseux et poussiéreux qui faisait comme un feston séparant la fosse d'orchestre comme on disait du public, et je m'assis et j'ouvris le couvercle du piano et je faillis bien vomir de peur sur le clavier. Puis je pris un tas de profondes inspirations et levai le nez très froidement vers les réclames en gardant les mains sur les genoux, comme pour dire que ces saloperies-là ne méritaient pas de musique. Et puis les lumières s'éteignirent et je commençai à me sentir un petit peu plus en sécurité, puisque personne ne pouvait plus me voir, et quand le Pathé-Journal commença, je rassemblai tout mon courage et je martelai l'accord domisol d'une main et la même chose de l'autre. Ça ne déclencha pas la fin du monde, alors je fis un falado des deux mains et puis un solsiré (sol ciré, c'est aussi poilant en français que *cabbage face* en anglais) et puis je découvris qu'en les mélangeant et en marquant la mesure avec mon pied gauche je jouais une petite marche tout à fait jolie, simple, oui, mais y avait rien à redire à ça.

Une des choses que mon père m'avait apprises était au sujet de ce qu'on appelle les modes. Pas la mode, les modes. Il avait dit :

– Figure-toi que c'est comme ça, ma fille. Les Grecs anciens ne se contentaient pas de dorémifasolla-si, que nous appelons la gamme de do majeur, et de tous les airs qu'on peut jouer avec. Ils disaient qu'on peut faire une gamme à partir de chacune des notes blanches sans y mêler aucune des notes noires, pour ainsi dire. Essaye donc de faire dorémifasollasido à partir de ré. Bizarre, pas vrai ? Mais chouette. On appelait ça le mode dorien. A partir de mi, c'est ce qu'on appelait le mode phrygien, peut-être parce qu'il est un peu frigide, froid tu vois, et à partir de fa, c'est ce qu'on appelait le mode lydien.

– Dans ma classe y a une fille, elle s'appelle Lydia Thompson.

– Pas possible, eh ben, ne t'occupe pas de ça maintenant. Il y avait sept modes, un pour chacune des notes blanches du piano, mais ces pauvres bougres primitifs n'avaient pas de piano bien sûr, et chaque mode était censé avoir comme qui dirait une qualité particulière et ne pouvait servir que dans telle occasion et pas telle autre, si tu vois ce que je veux dire. Nous, on s'est débarrassés de tous les modes à l'exception de deux — celui qui commence par do et celui qui commence par la. Celui qui commence par do s'appelle le mode majeur, et celui qui commence par la le mode mineur. Triste, c'est-à-dire utile pour les marches funèbres.

Le premier sujet des actualités était un rallye de boy-scouts, alors ma petite marche en do fit l'affaire. Mais le suivant était l'enterrement d'un quelconque gros bonnet en Amérique, un gangster ou quelqu'un comme ça, alors je démarrai sur le mode mineur et je fis quelque chose de solennel et de triste. Puis il y avait eu une grosse inondation en Nouvelle-Zélande et je commençai par des septièmes diminuées et terminai par un très joli petit air triste que j'inventai en la mineur, et je commençai à prendre confiance. Personne n'avait crié « jetez-la dehors » et personne ne semblait remarquer que ce n'était pas le joueur de piano habituel, à vrai dire personne ne semblait écouter, ramassis d'ingrats ignorants comme des cochons.

Ce fut pendant que le Pathé-Journal montrait le duc et la duchesse d'York à Tahiti ou à Swahili ou je ne sais où, se faisant offrir un grand festin en plein air avec du cochon rôti et des bananes, pauvre papa, que je découvris une gamme par accident que mon pauvre papa ne m'avait pas encore montrée. Une espèce de jolie gamme étrangère ou tropicale, que je réalisai en jouant do ré mi et puis fa dièse sol dièse la dièse, autrement dit, trois blanches suivies de trois noires. Ça produisait une espèce d'air comme qui dirait indigène des mers du Sud, et on pouvait jouer n'importe laquelle des six notes ou les six en même temps et faire un bel accord bizarre avec elles. Plus tard, quand je montrai tout cela à mon papa, il dit :

– Oui, Debussy, c'est-à-dire. Il avait pris ça aux Javanais ou des bougres de ce genre-là. C'est bien gentil, mais on ne peut pas en faire grand-chose.

Moi, j'en avais fait énormément ce soir-là.

Les vrais ennuis commencèrent avec le film comique qui venait avant le grand film, car il demandait quelque chose de rapide et de très jazz qui ne s'arrêtait jamais, mais je me souvins de ce que mon papa m'avait dit – choisis-toi un bon petit rythme facile au début et ne ralentis jamais, et ça aura l'air tout à fait assez rapide. Joue les accords dolafasol à répétition sur un rythme oum-pa, l'oum étant la note des basses et le pa l'accord dans les aigus, tu vois ? J'y allai donc de mes oum-pa, oum-pa, et comme tout le monde se fendait la pipe devant les Keystone Cops, en fait personne ne m'entendit guère.

Et nous en arrivâmes à ce *Metro Polis*, comme mon papa l'avait appelé, et je découvris que c'était en fait un seul mot, avec l'accent sur le *trop*. Évidemment, en levant le nez sur le film j'en avais une vision extrêmement déformée, mais je pus suivre d'une manière pour ainsi dire générale ce qui se passait. Il y avait beaucoup de cette variété que mon papa aimait tant, vous voyez, les ouvriers partant lourdement au boulot en la mineur, et des machines dans une usine et des gratte-ciel et un robot, et une grande inondation et même un pas de danse que le robot esquisse quand le Savant Fou lui fait revêtir l'apparence d'une fille, et je découvris que je possédais beaucoup de tout ce qui était nécessaire, avec mes septièmes diminuées en veux-tu, en voilà et ma nouvelle gamme blanche et noire et beaucoup de boucan dans cette partie des basses qui ne jouait pas de vraies notes mais grondait seulement. Le film était long et mes mains étaient comme des morceaux de chiffon à la fin, mais il n'en finit pas moins, les Ouvriers et le Big Boss échangeant des poignées de main et s'engageant à être plus sympas et plus gentils les uns envers les autres, et il y eut le grand accord en do majeur — domisoldomisol — pour FIN.

Et puis les lumières se rallumèrent, et sur l'écran apparut le portrait du roi George V, et tout le monde se leva pour *God Save the King*, ou au moins pour la première moitié, et *God Save Me*, je ne savais pas le jouer. Il n'y a qu'un moyen pour une fille de se tirer d'une situation bloquée comme celle-là et c'est de s'évanouir. Je ne suis pas vraiment tombée dans les pommes évidemment, j'ai seulement fait semblant. Alors le public a manifesté un peu de compassion, et c'était bien la première fois à l'égard du joueur de piano, et les gens apportaient des verres d'eau des toilettes et me frottaient les doigts et collaient leurs pattes chaudes sur ma tête, et certains ailleurs aussi, les sales cochons, et ce pauvre vieux roi George V sur l'écran là-haut fut oublié et, voyant que personne n'entendait sa musique, il se contenta de disparaître en un fondu au noir. Et puis, Dieu merci, mon papa est arrivé, prêt pour la deuxième séance, que je n'aurais honnêtement pas pu affronter, mes doigts m'ayant comme qui dirait trahie.

Il avait bu de l'eau chaude salée, me dit-il, et gerbé le tout, ça avait pris longtemps, et les gens n'arrêtaient pas de cogner sur la porte des toilettes en gueulant :

« T'en as encore pour longtemps ? » Et : « T'es tombé dans le trou ou quoi ? » Et ainsi de suite. Je lui dis que ça ne s'était pas trop mal passé et que je ne recommencerais jamais, jamais, non, jamais.

— Fini les bananes vertes, dit mon papa.

Mais mon papa ne sut jamais que le mieux était l'ennemi du bien. Il m'avait appris le piano, à sa manière bizarre un peu bébête, et voici qu'un beau jour il rentra à la maison avec un violon, et jusqu'à son étui, qu'il avait chipé dans un camion de déménagement, avant de le glisser sous sa veste pour tourner à toute vitesse le coin de la rue.

— Vise-moi ce violon, dit-il en me le montrant. Tu vois ses quatre cordes ? Bon, attends que je les accorde.

Et il les accorda en écoutant pour ainsi dire les notes correctes dans sa tête.

— Nous y voilà, dit-il alors, la grosse, là, c'est sol, la suivante, c'est ré, la suivante, c'est la et la très mince, là, qui a l'air tout effilochée et sur le point de claquer, c'est mi.

L'aspect de l'archet ne lui disait rien qui vaille, il avait besoin de résine, dit-il, mais il se mit à faire grincer ses quatre cordes jusqu'à ce que quelqu'un cogne au mur en hurlant : « La ferme. » Et il dit :

— Demain soir avant la séance, je te montrerai ce que j'ai en tête avec le piano.

Le lendemain soir, il me montra. Il avait composé un petit air de valse, et les seules notes étaient ces quatre-là, mi et la et ré et sol. C'est un air que vous connaissez, tout le monde le connaît, c'est cet air que j'avais écouté en proie à la rage et à la colère sur la BBC Overseas Service et si vous ne le connaissez pas vous le trouverez à la fin du bouquin, je vous en fais cadeau pour rien. Il me montra comment faire glisser l'archet sur les cordes « à vide », comme on les appelle, et il inventa des paroles idiotes pour suivre le rythme :

QU'est-ce que c'est qu'ce GAllure?
ÇA t'fait un' drôl'd'ALlure.

Et il me le fit jouer pendant le film comique, à moi qui n'avais jamais touché un violon de ma vie, et le résultat ne fut pas trop mauvais grâce aux bons gros accords de son accompagnement au piano. Évidemment, personne n'y prit garde et il dit « tas d'ingrats » à haute et intelligible voix, puis il se lança dans la musique pour ce qu'il continuait d'appeler *Metro Polis*.

Voilà que j'allais sur mes douze ans et j'étais bien développée pour mon âge, sans avoir pour autant commencé le bain de sang mensuel, et mon père me regardait parfois et disait :

– Tu es le portrait tout craché de ta mère, ma fille. Au nom du ciel, que vais-je bien pouvoir faire de toi ?

– Que veux-tu dire par là, papa ?

– Je veux dire, quel genre d'avenir puis-je t'offrir, étant ce que je suis et vivant comme nous vivons ? Je veux dire, tu seras bientôt d'un âge où nous ne devrions plus coucher dans la même chambre, et je suis sûr que cette saleté de fouineuse de Mrs Etheridge en bas trouvera bientôt à y redire si c'est pas déjà fait.

– A vrai dire, papa, j'aimerais bien une chambre pour moi toute seule, il y a des filles à l'école qui en ont une, et moi je n'ai même pas un lit, franchement, et ce vieux canapé craque, tu sais. Et il grince en plus.

Il poussa un très profond soupir.

– Il faut que je me mette à chercher un boulot pendant la journée, dit-il, mais c'est pas facile à trouver. J'ai été trop feignant. Je m'y mets dès demain.

– Et quel genre de boulot pourrais-tu faire, papa? Tu es joueur de piano comme tu l'as toujours dit. Personne n'a besoin d'un joueur de piano pendant les heures de travail.

– Si seulement je savais chanter, dit-il, je trouverais un emploi au rayon musique chez Lewis, je vendrais les chansons nouvelles. Je peux les jouer, bien sûr, mais les clients veulent aussi qu'on les leur chante.

– Je ne t'ai jamais entendu essayer de chanter pour de bon, papa. Chante quelque chose, là, pour voir.

– Cette saleté de plafond va nous tomber sur la tête, ma fille. Oh, et puis, après tout, d'accord, j'essaye.

Et il entonna une valse idiote qui était à la mode cette année-là:

C'est un long long chemin
Un long chemin sans retour
Suis la route jusqu'au bout
Cela fait longtemps longtemps
Bien longtemps que je t'attends
Suis la route de l'amour

Quelqu'un s'est mis à cogner au plafond comme dans l'intention de le faire vraiment dégringoler, comme il avait dit, mon papa, et papa dit:

– Je ne suis pas trop bon, hein, ma fille? Bien sûr, en y réfléchissant, je me disais que je pourrais toujours écrire ma méthode de violon, pas vrai, et trouver quelqu'un pour la publier, comme Boosey et Hawkes, en voilà deux noms dégoûtants, des gens comme ça.

— Mais tu sais pas jouer du violon.

— Je sais, c'est comme ça que je sais comment apprendre aux gosses à en jouer. Faut que je chipe du papier à musique et du papier ordinaire et un joli stylo et que je me mette à écrire. Ça pourrait nous rapporter une fortune.

— Mais qu'est-ce que c'est que cette méthode, papa ? Tu veux dire en jouant seulement les cordes à vide comme tu me l'as fait faire ? Je croyais qu'il fallait mettre les doigts sur les cordes aussi.

— C'est juste, ma fille. On commence par les cordes à vide seules, et puis on ajoute une note à chaque fois. J'ai quelques petits airs dans la tête que je pourrais écrire, et avec une partie de piano en plus. L'air le plus facile serait pour cordes à vide plus demi-ton, tu vois ce que je veux dire ?

— Non.

— Je suis vraiment un pauvre type, hein ?

Il poussa encore un soupir, plus profond.

— Eh bien, d'accord, dès demain je me mets en quête d'un travail. Je ne suis pas de taille à exploiter des idées intelligentes comme celle d'une méthode de violon.

Il était à la porte de l'école à quatre heures le lendemain, alors que je lui avais dit que j'étais assez grande pour rentrer à la maison toute seule et que les autres se moquaient de moi en voyant mon papa venir me chercher, mais il répondit que l'habitude était prise et faisait partie de sa journée dont c'était l'agrément, ça lui faisait quelque chose à faire de ses après-midi, et qu'il adorait tant sa petite fille qu'il ne pouvait suporter l'idée des voyous qui risquaient de l'importuner en chemin dans ce quartier minable. Mais le lendemain il n'était pas devant l'école à quatre heures et comme c'était un jour sans matinée je me dis qu'il devait avoir trouvé un emploi. Je rentrai donc toute seule, et papa n'était pas à la maison. Il ne rentra pas avant six heures et demie, ce qui lui laissait à peine le temps d'avaler un morceau de pain et une boîte de sardines Skippers avant de repartir jouer. Oui, il avait trouvé un emploi, c'était vrai, il s'agissait de vendre des pianos au rayon des pianos d'occasion de chez Lodge, très bas salaire mais on avait une commission, et il avait presque oublié l'effet que ça pouvait faire de taper sur un piano convenable, même si en l'occurrence c'était des pianos d'occasion.

Avec le salaire de sa première semaine et sa paye habituelle de joueur de piano, diminuée de deux shillings pour n'avoir pas joué à la matinée du mercredi, il fut en mesure de descendre voir Mrs Etheridge, dont c'était la maison, et de découvrir qu'il y avait une autre chambre libre dans les mêmes conditions que celle que nous louions déjà, sauf qu'elle était un peu plus petite et qu'elle ne serait pas disponible avant la fin du mois quand le monsieur indien, tous des crasseux, ces gens-là, dit-elle, l'aurait libérée. Et il était grand temps, dit-elle, votre fille est une vraie jeune femme maintenant, qu'elle dit encore, elle ne tardera pas à quitter l'école pour prendre du travail. Alors voilà. Une chambre bien à moi, avec même un réchaud pour faire mon petit déjeuner, papa étant d'ordinaire si fatigué le matin. La première chose que je fis en entrant dans mon petit lit à moi pour la première fois fut d'avoir mes règles, si bien que je sus que j'étais une jeune femme désormais.

Quatre

Le portrait craché de ma mère, avait dit mon papa, et je le croyais mais je n'avais d'elle que ses photographies, et c'était surtout des photos professionnelles, artistiques et menteuses et plus destinées à vendre un produit (merci, Rolf) qu'à montrer une femme. Ma mère, comme mon papa, était ou avait été professionnelle, avant de se marier, chanteuse et danseuse et ce que l'on appelait une soubrette. Elle se prénommait Florence et sur scène Flossie, elle avait conservé son nom de jeune fille, Oldham, le nom d'une ville du Lancashire, mais pas de celle d'où les siens étaient originaires, c'était Preston leur ville, Priest Town, la ville du prêtre, présomptueuse Preston, et c'étaient tous des catholiques d'aussi vieille souche que la famille de mon papa. Flossie Oldham, Reine des soubrettes, comme disait la chanson.

Dis-moi, Flossie,
Tu es la reine de toutes les soubrettes.
Donne-moi ton cœur
Car je t'aime tant,
Oh, charmante enfant.

Elle avait fait partie de spectacles comme ceux de Lionel Monckton, jamais à Londres, seulement à Manchester et dans sa région, et elle avait joué à l'Ardwick Empire et en tournée, et les plaisanteries salaces que j'entendais, toute gamine, sur les artistes de music-hall, m'ont mis en tête l'idée que ce genre de vie n'était pas aussi moral qu'on veut bien le dire et je ne serais pas étonnée du tout d'apprendre que ma mère n'était pas précisément un modèle de vertu quand elle était jeune, et puis après, hein, je serais vraiment mal placée pour la juger.

Elle faisait un numéro à la Vesta Tilley tant qu'elle resta mince, déguisée en petit soldat surtout, puis son goût pour la Guinness et les friands accompagnés de plein de *piccalillies* et les beignets de morue garnis d'une double portion de frites finit par affecter son physique et elle fit un numéro plein de clins d'œil coquins avec des chansons lestes et un petit retroussis de jupe pour montrer le mollet au milieu des sifflets admirateurs, moins fatigant que la danse, avec des tas de plumes et de fourrures et de bijoux de pacotille pour attraper les feux des projos et Dieu sait combien de couches de jupons de dentelle. Une de ses chansons disait comme ça :

Suivez moi, jeune homme
Apprenez la vie
Venez chez moi prendre le thé
Et surtout soyez assuré
Qu'il sera bien chaud et sucré
Servi tout droit de ma théière

J'ai oublié le reste mais ce n'était que clins d'œil et sous-entendus, et la chorégraphie ne lui demandait guère d'efforts, qui consistait surtout à remuer le popotin, on voit d'ici le genre. Mon père joua dans la fosse d'orchestre un moment, jusqu'à une terrible engueulade qu'il eut avec le directeur de l'Ardwick Empire, et ce fut ainsi qu'ils se connurent et commencèrent à se fréquenter.

Mon papa me disait que c'était vraiment le bon temps, le music-hall avec la bière et les bagarres et les œufs pourris qu'on jetait sur des prestations qui ne l'étaient pas moins. Il fallait être bon, ou au moins dominer le public, pas de micro à cette époque pour les voix minuscules, et il fallait un sacré sens de la repartie. Ma mère joua un sketch dans lequel elle masquait son charme sous les traits réellement vulgaires d'une espèce de harengère et elle fit voir qu'elle était capable de crier plus d'insanités et plus fort que tous les crieurs d'insanités du public. Quelqu'un lui jeta une fois un chou pourri, elle le ramassa et le renvoya aussitôt. Elle se trompa de cible mais cela lui valut quand même un tonnerre d'applaudissements. Mon père me chantait parfois de son horrible voix fêlée la chanson qu'elle chantait :

Un nœuf, un nonnion et du sauciflard,
Un nœuf, un nonnion et du sauciflard.
Avec peut-être une tranche de lard,
Bien disposés sur une assiette,
Y a rien de plus chouette.
C'est un casse-croûte qui ne paie pas de mine
Mais pour rester jeune c'est la bonne combine.
Que bectait Landru pour prendre son panard?
Un nœuf, un nonnion et du sauciflard!

Pour mon papa, jouer du piano dans les cinémas était un boulot fantôme, et j'entrevoyais ce qu'il entendait par là. Il parlait de la grande époque de Fred Karno et du Casey's Court, il racontait qu'il avait joué dans la fosse pour Stan Laurel et Charlie Chaplin, avant leur départ pour les États-Unis où ils allaient devenir des grands noms du cinéma. C'était devenu des fantômes, qu'y disait, mon papa, et même les sommes astronomiques qu'ils gagnaient étaient une espèce d'argent fantôme. Je n'ai jamais très bien compris ce qu'il entendait au juste par là. Mais même s'il regrettait le bon vieux temps du music-hall, mon papa devait bien reconnaître qu'il n'était pas un bon pianiste d'orchestre. Il ne pouvait pas jouer avec un orchestre. De telle sorte qu'il fut poussé au cinéma comme l'avaient été les autres. Mais ils étaient devenus des grands noms. Je vois que nous nous éloignons de ma mère.

Les photos que j'avais d'elle la montraient dans tout son éclat et son charme, maquillée pour la scène, mais il ne fait aucun doute que c'était une jolie femme, avec des tas de cheveux blonds et ces grands yeux mutins, bleus disait papa, et le petit nez retroussé et la bouche généreuse et le petit menton ferme. Et la poitrine, évidemment, beaucoup de poitrine, et j'en avais déjà beaucoup moi-même, à douze ans, héritée d'elle. J'avais aussi la chevelure et les yeux, mais le nez de mon papa, un peu gros, et toujours à le fourrer partout. Elle était morte à l'âge de trente ans, quinze ans plus jeune que ma tante Bertha (il y avait eu un frère et une sœur entre les deux qui étaient morts de la typhoïde et d'une pneumonie, respectablement, respectueusement et respectivement) et du même âge que mon papa. Papa me paraissait vieux à moi, bien sûr, mais il était encore jeune, en fait, un vrai gosse, trente ans en 1918, ça lui en faisait seulement quarante en 1928, rien du tout, mais il se nourrissait mal, il aimait la Bass à la pression et les Wild Woodbine qui lui filaient une sale toux, il avait une petite brioche et les yeux larmoyants et il perdait ses tifs.

Quoi qu'il en soit, j'étais devenue une jeune femme, le portrait craché de ma mère, et je commençais à apprendre des choses sur le sexe, en allant à la bibliothèque en rentrant de l'école (quand papa n'était pas venu m'attendre) avec d'autres filles pour chercher OBSTÉTRIQUE dans l'encyclopédie, en lisant des bouquins cochons tout déchirés qui appartenaient aux autres filles et plus encore à des garçons, des histoires de curés qui s'envoyaient en l'air avec des bonnes sœurs et « son beau visage barré d'une moustache virile s'assombrit sous les effets d'une passion orageuse » et « quand il me prit entre ses bras vigoureux je crus fondre comme un flocon de neige à la chaleur de son désir ». Les garçons de l'école essayaient de nous tripoter dans le vestiaire et une fille, Brenda Barrington, se laissait tripoter pour un demi-penny. Un ou deux garçons étaient prêts à montrer leur affreux machin rouge gratis pro deo. Cochon et tout ce qu'on voudra, mais ce n'était que la Nature qui se manifestait. Il y avait un garçon timide très brun et très beau qui s'appelait Terence McDonagh que j'embrassai une fois au cours de géographie pendant que sœur Anastasia dessinait le fleuve Amazone sur le tableau. Il est très difficile d'échapper au sexe, et je n'ai jamais vraiment essayé.

Mais mon papa connaissait les dangers et me surveillait comme un chat surveille un trou de souris. Il tenait encore beaucoup à ce que je passe mes soirées avec lui, mais un soir je me révoltai en quelque sorte.

– Je ne viens pas avec toi ce soir, papa.

Et comme une imbécile j'ajoutai :

– Je vais plutôt aller au cinéma.

Il ne vit pas l'humour idiot de cette déclaration et dit :

– Un garçon, hein ? Tu sors avec un garçon, voilà ce que c'est.

– Non, c'est mes copines Brenda et Annie, c'est l'anniversaire d'Annie et elle nous a comme qui dirait invitées à manger et à aller au cinéma après.

Je dis cela à mon papa un matin, ce n'était pas un mensonge de dernière minute, mais c'était évidemment un mensonge. Dicky Duckworth m'avait demandé d'aller au cinéma Gem avec lui, et son papa à lui était bookmaker et lui donnait plein de sous à dépenser, un garçon un peu gras mais plutôt propre et qui avait très bonne haleine.

– J'ai déjà entendu ça quelque part, ma fille. Tu sors avec un garçon, c'est ce que tu crois, mais moi je dis que tu n'iras pas, ta pauvre défunte mère ne le permettrait pas, et c'est à moi d'agir pour ainsi dire à sa place. Tu as tout le temps pour ça, écoute ton vieux papa, il en connaît un rayon là-dessus, il sait comment certains garçons se laissent emporter et puis quand ils ne savent plus ce qu'ils font en viennent à des choses qu'ils ne devraient pas faire, tu as bien le temps. Je ne veux pas être méchant, ma chérie, mais c'est mon devoir.

Un point c'était tout. J'étais furieuse mais je le

circonvins d'une manière qu'il n'avait pas prévue. Je fixai rendez-vous à Dicky Duckworth au premier rang du Star, une chose qu'il ne voulait pas faire, car fils de bookmaker qu'il était, il avait l'habitude des derniers rangs ou du premier rang du balcon, et il se plaindrait forcément de s'être collé un torticolis. Mais nous nous retrouvâmes donc assis ensemble tout près de mon papa, plus sages que les images. Dicky avait une grosse boîte de chocolats à l'effigie du roi George V et il n'arrêtait pas de m'en refiler, et mon papa passa autant de temps à nous regarder, furibard, qu'il en passa à regarder l'écran. Il ne pouvait pas dire que j'avais fait quoi que ce soit de mal, mais il vit bien que j'avais d'une certaine façon imposé mon point de vue, et ça ne lui plaisait pas.

Il se faisait du souci pour moi, ce qui était naturel de la part d'un père, et il se faisait du souci pour mon avenir. J'avais passé l'examen pour avoir une bourse de trois écoles secondaires mais le cœur n'y était pas. J'étais pas faite pour les études, comme on disait, et j'avais échoué, et donc j'allais rester aux Martyrs anglais jusqu'à quatorze ans et puis il me faudrait trouver un travail. Ça ne me dérangeait pas, je n'ai jamais beaucoup cru au savoir qu'on acquiert dans les livres. Je ne me voyais pas en bas noirs et combinaison à l'âge de dix-huit ans, connaissant la trigo, quoi que cela pût être ou fût, et le latin. Le hic, c'est que je n'avais aucun Talent, comme disait mon papa, très inquiet, ma mère avait eu du Talent et mon papa en avait, mais moi j'avais aucun Talent. Oh, j'étais fouineuse et j'aimais mettre mon nez partout, le sexe, et qui était le Noir qui rendait visite à Miss Tarrant au rez-de-chaussée, et ce qu'ils faisaient, encore qu'on pût le deviner, et les siamoises, et les avortements, et ce que les tantouses faisaient ou se faisaient faire, et comment on pouvait dire que sœur Agatha avait ses menstrues et ainsi de suite, mais je vois maintenant que mon seul intérêt réel était pour tout ce qui est sexuel. Je ne voulais pas jouer du piano pour vivre ni monter sur les planches. Aucun Talent. D'une certaine manière j'avais trahi papa, et ma défunte mère en Purgatoire aussi.

Pour ajouter encore aux inquiétudes de mon papa, il perdit son boulot au rayon des pianos d'occasion de chez Lodge. Il avait fait de son mieux, effectuant la démonstration de la belle tonalité et du jeu rapide et ainsi de suite, mais il n'avait pas vendu un seul piano en cinq semaines. Le chef de rayon lui dit qu'on ne l'avait pas engagé pour faire le Paderouski maison mais pour vendre des pianos, et mon papa avait répondu que comment diable il aurait pu en vendre si les bougres voulaient pas en acheter, alors il avait reçu un avertissement d'avoir à s'y mettre sérieusement et aussi de bien vouloir parler poliment. Et puis un jour il avait erré dans le rayon jusqu'à un endroit où on vendait d'autres instruments, et il avait fait la démonstration de sa méthode de violon bien trop longtemps, et justement il y avait quelqu'un qui aurait été intéressé par l'achat d'un piano d'occasion pour sa petite fille, et il n'y avait personne pour lui en faire la démonstration, et ça fit une sacrée histoire qui se termina par le renvoi de mon pauvre papa. Alors il ne lui restait plus que son boulot au Star et, Dieu lui vienne en aide, il n'allait pas le conserver très longtemps non plus.

Car il arriva qu'on programma ce film religieux à propos duquel il y avait eu tant d'histoires aux États-

Unis où on l'avait tourné, la vie de Notre Seigneur, tout le monde disant que c'était un sujet trop vénérable pour qu'on en fasse un film que les gens regarderaient en mastiquant du chocolat et en tirant sur des cibiches et en se pelotant au dernier rang. On ne voyait pas vraiment Notre Seigneur dans le film, cela n'ayant pas été permis, mais l'on voyait Ses mains tendues et des gens qui regardaient bouche bée et très révérencieusement une grande lumière blanche et brillante qui était censée être Lui. C'était surtout la caméra qui jouait le rôle de Notre Seigneur. Quoi qu'il en soit, ce film fut programmé au Star, et mon papa reçut des instructions fort strictes édictées non par le directeur mais par le recteur de l'église de la Sainte-Croix — anglicane — sur le respect dont sa musique devait être pénétrée. On aurait cru que quelque grand concile religieux ou autre se mêlait soudain de coller son nez dans la distribution du film en exigeant qu'un membre du clergé dise quelques mots, en fait délivre un sermon, avant la projection. Pas de réclames, pas d'actualités, pas de film comique. Rien que quelques saintes paroles et puis ce film, qui s'intitulait *la Lumière du monde*. Quoi qu'il en soit, ce recteur était donc avec le directeur et mon père dans le bureau de celui-là pour parler à celui-ci du respect qu'il conviendrait de manifester.

— Ce que vous avez à faire, dit le recteur, c'est de jouer des hymnes anciens et modernes d'un bout à l'autre. Voilà qui serait révérencieux et parfaitement adéquat.

— Seulement je connais rien à ce truc ancien et moderne, dit mon papa, vu que j'ai été élevé dans la religion catholique.

— Ah, vraiment? Vous êtes catholique romain? C'est lamentable, mais ça ne fait rien. Je vous passerai un exemplaire du recueil et je pense que vous le trouverez assez facile à jouer.

— Ainsi, dit mon papa, Notre Seigneur est devenu la propriété privée de l'Église d'Angleterre, c'est bien ça?

— Ma foi, dit le recteur, l'Église d'Angleterre est l'Église officielle du Royaume-Uni. Il est donc logique, ne croyez-vous pas, de consulter les traditions de l'Église officielle quand la question qui se pose est celle de l'édification du grand public.

Mon papa lui fit voir l'affiche qui était apposée sur le mur.

— Tenez, dit-il, regardez les noms de ceux qui ont fait ce film. Sid Schwarz. Emmanuel Rubinstein. Cent pour cent Église d'Angleterre, n'est-ce pas? A mes yeux, c'est abusif, ce que vous me demandez là.

— Attention, Billy, dit le directeur d'une voix très basse et très menaçante.

— Oh, très bien, dit mon papa. Est-ce que j'ai le choix? N'empêche, c'est toujours pareil, c'est les catholiques qu'ont la part la plus merdeuse.

— Attention, Billy, dit le directeur.

— Très bien, dit mon père, il me faudra une lampe au-dessus du piano si je dois déchiffrer. C'est bien la première fois que j'aurai à faire ça.

— La plupart des fidèles de l'Église d'Angleterre, dit le directeur avec beaucoup de morgue, connaissent ces hymnes par cœur, et il tendit à papa une liste de numéros — 64, 26, 77, et ainsi de suite.

— C'est comme au tiercé, dit mon papa. Très bien, avec l'aide de Dieu, je vais le faire.

Et il le fit et on se serait cru à l'église. Mon papa poussa un bâillement épouvantable quand il fut contraint de jouer *Soumets-toi à moi* pendant la crucifixion, qui aurait demandé en fait des septièmes diminuées et des choses de ce genre. On projeta le film toute la semaine, matinée du samedi exceptée, parce qu'on savait que les gosses voulaient leurs cow-boys et leurs Indiens habituels. Et puis mon père fit quelque chose de terrible qu'il n'aurait pas dû faire. Il avait mis de l'argent sur des chevaux, ce qui lui arrivait parfois, un shilling gagnant et placé selon un système à lui qui lui rapportait en général à peu près ce qu'il avait joué. Mais ce samedi-là il joua un shilling gagnant sur un cheval appelé Salted Almond qui courait à deux heures à Ripon, monté par Joe Muggeridge dont on lui avait dit que c'était un tuyau increvable. Ça paraît assez peu probable à cent contre un, mais il arriva bel et bien et avec cette cote, ce qui pue la combine. Papa n'avait pas encore touché, évidemment, mais il entra au Coach and Horses à l'ouverture à cinq heures trente, après la matinée enfantine, et but coup sur coup des pintes de Bass à la pression et des doubles scotches, tout ça l'estomac vide. Je n'y étais pas, évidemment, les pubs m'étant interdits à mon âge, mais on me raconta tout. A vrai dire je m'apprêtais justement à traverser la rue pour aller voir Polly Logan, mon papa étant devenu un peu plus raisonnable et reconnaissant qu'être contrainte d'aller voir *la Lumière du monde* six soirées de suite eût été un peu abusif et n'ayant donc pas trop objecté à ce que je me rendisse chez les Logan pour écouter leur nouveau La Voix de son Maître portatif et leurs six nouveaux disques, du moment que je n'allais pas ensuite traîner avec Polly à la recherche des garçons, sauf que c'était évidemment le contraire dans la réalité. Ce fut Mr Bamber qui travaillait au téléphone qui vint frapper à la porte pour me dire qu'il avait vu mon papa zigzaguer vers le Star en s'époumonant et qu'il avait entendu parler de ses gains et du fait qu'il s'était pinté au Coach, et que donc je ferais mieux d'aller là-bas voir si tout allait bien.

Tout n'allait pas bien, ça, je peux vous le dire. J'arrivai au Star juste à temps pour voir papa jeter par terre la lampe électrique qu'on avait posée là pour les anciens et les modernes, et cela pendant que le recteur en personne sur la scène prononçait quelques saintes paroles. Quand le recteur eut fini, mon papa dit : « Pour le Rectum, hip hip hip hourra », mais pas trop fort, et puis quand le film commença il me sembla qu'il ne jouait pas trop mal, mais rien du recueil ancien et moderne, plutôt dans le mode dorien ou le mode hyperfrigidaire ou je ne sais plus quoi, très solennel et comme qui dirait plus ancien que tout ce que pouvait bien contenir le recueil d'hymnes. Puis nous eûmes la naissance de Notre Seigneur et papa joua *Adeste Fideles* et se mit à chanter :

Venite adoremus
Venite adoremus
Venite adoremus
Dominum

en invitant tout le monde à chanter en chœur avec lui. Quand j'arrivai près de lui, ce fut tout juste s'il me reconnut d'abord, puis il comprit qui j'étais et se calma un peu et m'écouta quand je lui dis d'arrêter ça s'il ne voulait pas être viré.

Si bien que quand les chameaux apparurent, il se contenta de jouer *Sur un marché persan* mais dans un style qui était tout à fait celui d'un hymne religieux. Quand ce fut Marie-Madeleine, il interpréta une manière de saint arrangement de *Je suis une fille qui bosse dur pour gagner sa croûte*, de telle manière que personne, semble-t-il, ne se rendit compte de rien. Hawkes, le directeur, n'était pas dans les parages, et j'imagine qu'il avait été plus ou moins endormi par le fait que mon papa avait joué ce qu'on lui avait dit de jouer cinq soirées consécutives et qu'il devait penser que tout irait bien et il y avait toutes les chances pour qu'il fût allé au coin de la rue, non pas au Coach and Horses où il aurait entendu parler de la cuite de papa, mais au Queen Alexandra que papa ne fréquentait pas. Mais bientôt il lui prit de nouveau quelque chose de terrible, mais qui était assez stupéfiant en même temps, parce qu'il se mit à en faire une espèce d'opéra, chantant d'une voix aiguë que je ne lui connaissais pas et transformant les Huit Béatitudes en un genre de valse très solennelle :

Bénis
Sont les
Zommede Paix
Carilseronta Peléééés
Lesen Fantsde
Dieueueu

Le recteur avait disparu, fort probablement pour s'attifer pour le dimanche matin, et il n'y avait pas l'ombre d'une comme qui dirait Autorité Religieuse en vue, mais j'entendis bien un ou deux murmures, et puis plus encore, mais certains des plus jeunes avaient l'air de trouver ça à leur goût.

Seulement la Bass pression et le whisky que contenait mon papa commençaient à produire un nouvel effet désormais, et il se mit à s'assoupir, ses doigts traînant le long des touches.

— Papa, papa, réveille-toi. Allez, viens, faut que je te remmène à la maison.

Oh, la vache, ça devenait vraiment épouvantable. Je ne pus m'empêcher de regarder pour voir dans quelle mesure les spectateurs se rendaient compte de ce qui se passait, et ce que je vis fut le directeur Hawkes qui descendait l'allée d'un pas fort lourd et décidé.

— Papa, papa, pour l'amour du ciel.

Il reprit ses esprits, faisant claquer ses lèvres, qui devaient être bien sèches, et loucha vers l'écran là-haut et dit :

— Qui c'est donc, çui-là ?

Louchant à mon tour sur l'écran, j'aperçus un barbu qui ricanait en versant dans sa paume les sous contenus dans une bourse.

— C'est Judas, papa.

— Judas, hein.

Et il se mit à jouer des accords très sévères, très solennels et je me dis Dieu merci et retournai m'asseoir. Hawkes était là maintenant, penché vers moi, l'haleine empestant la bière et il me dit :

— Qu'est-ce qui se passe ici ? Qu'est-ce que c'est que ce nom de Dieu de bordel, hein ?

— Pas de mots pareils avec moi, s'il vous plaît, dis-je, surtout pendant la projection de ce film sur Notre Seigneur, ajoutai-je.

Puis mon père se mit à interpréter et à chanter une

nouvelle valse qu'il inventait à mesure, les doigts montant et descendant sur tout le clavier.

Treeente deniers, oui, trente deniers
C'est le prix pour lequel j'l'ai bazardé
Treeente deniers, oui, trente deniers
Je suis le dernier des derniers

Son touché avait comme qui dirait beaucoup perdu de sa précision, mais sa voix était forte et claire, et il me sembla qu'il aurait fort bien pu prendre ce boulot et vendre les dernières nouveautés de la chanson au rayon musique chez Lewis à condition d'être soûl en permanence. Évidemment Hawkes était furieux mais il ne savait pas quoi faire, d'autant moins qu'on en était à la crucifixion et qu'on ne voyait plus que les mains et les pieds de Notre Seigneur avec des clous plantés dedans et toutes les bonnes femmes autour de la croix qui sanglotaient comme des folles, et que mon papa avait repris ces accords sonores sévères et tristes du mode laestrygonien ou je ne sais plus quoi et il poursuivit comme ça jusqu'à ce que la scène change. Il ne voyait pas ce qui se passait là-haut et ne cessait donc de loucher vers l'écran, ses doigts de moins en moins assurés sur les touches, et puis il lança :

– Qu'est-ce qui se passe là-haut, ma fille ?

– Il est ressuscité des morts, papa. Fais quelque chose d'un peu joyeux.

Et Dieu du ciel, c'est ce qu'il fit, Jésus-Marie-Joseph, venez à notre aide, c'est ce qu'il fit. Car il se mit à jouer *Il est des nôtres*, avec comme qui dirait des octaves descendant dans les graves, et puis il joua l'air lui-même dans les graves pendant que, dans les aigus, il faisait sonner je ne sais combien de clochettes, oh, mon Dieu, priez pour nous ! Et puis ce fut la fin du film et lui n'arrêtait toujours pas, variations symphoniques sur *Il est des nôtres*, et même lorsque les lumières se rallumèrent à demi et que le roi George V apparut sur l'écran. Et puis au lieu d'interpréter *God Save the King*, il joua un vieux cantique catholique, *Foi de nos pères*, qu'il chanta en même temps, de tout cœur, la voix forte :

Foi de nos pères, tu vis encore
Malgré les épreuves et la mort
O quelle joie bat dans nos cœurs
Quand résonne ce mot vainqueur
Foi de nos pères, ô sainte foi
Soyons prêts à mourir pour toi

Puis il martela un gros *Amen* comme qui dirait triomphal qui secoua tout le piano et il roula de son siège et s'étala par terre, la tête apparaissant par-dessous le feston de rideau noir de telle manière qu'on aurait pu croire que la tête de saint Jean-Baptiste gisait là sous les pieds du premier rang de spectateurs.

C'était la fin de la première séance, et les spectateurs de la seconde s'apprêtaient à entrer et je voyais le recteur prêt à prononcer sa deuxième série de saintes paroles de la soirée.

– C'est la fin, cria Hawkes, il est fini, nom de Dieu. Il ne se rassiéra plus jamais devant ce fichu piano. Je vais le coller sur la liste noire pour toute la ville. Il n'aura plus jamais de boulot dans aucune salle, aussi longtemps qu'il vivra.

Alors je me mis à cogner Hawkes avec mes petits poings minuscules comme ils l'étaient alors en criant :

– Vous, ne parlez pas comme ça de mon père, salopard que vous êtes !

Et la tête de mon père depuis le plancher, comme la voix du Jugement dernier :

– Ton langage, ma fille, ton langage !

Et puis il se mit à ronfler. Avec l'aide d'une ou deux personnes qui devaient avoir été très soûles elles-mêmes dans leur jeunesse ou qui avaient vraiment aimé ce que papa avait joué, je parvins à le sortir par la sortie latérale, et il demeura assis dans la ruelle près des poubelles dans le froid, la crasse et les piaulements de chats et l'air froid commença à le réveiller ainsi que les coups que je lui donnais moi-même sur la figure en le traitant de pauvre imbécile. Il resta quand même assis, ses jambes n'ayant plus la force de le porter, pendant toute la deuxième séance, on sut quand ça commença parce que le public se tut mais il n'y eut pas de musique. Pourtant dix minutes plus tard environ nous entendîmes un des hymnes anciens et modernes joué pas trop bien, et donc Hawkes devait avoir trouvé quelqu'un dans l'assistance qui jouait de l'harmonium au catéchisme ou un truc dans ce genre-là. Le recteur en serait certainement satisfait.

Quand papa fut capable de trottiner un peu, je m'arrangeai pour le ramener à la maison, il titubait, il tombait et il dit même : « Laisse-moi cuver ma cuite, ma fille » tout près du terminus du tram 44, là où il y avait l'horloge pointeuse pour les wattmen, mais je le ramenai à la maison, je lui fis monter l'escalier et je le mis au lit. Je fis mon propre lit sur le vieux canapé, comme avant. Mieux valait que je m'y habitue, puisque nous n'étions plus capables de nous payer une autre chambre, si d'ailleurs nous restions capables de nous payer celle-là. Là, mon papa s'y était mis. Et jusqu'au cou.

Cinq

Je ne dormis pas beaucoup cette nuit-là, me demandant si mon papa se réveillerait au petit matin en gueulant tout ce qu'il savait ou s'il ne se mettrait pas à chercher les toilettes dans le cagibi-penderie qui nous servait de garde-manger, voire même s'il n'allait pas se noyer dans son propre dégueulis. Mais non, il dormit très profondément, s'étouffant par-ci, par-là sur un ronflement et riant même une ou deux fois de quelque chose. A huit heures trente, c'était dimanche, n'oubliez pas, il dormait toujours, si bien quc je me levai, me sentant fatiguée, m'habillai et allai à Saint-Edouard pour la messe. Il avait fait froid pendant la nuit mais le matin renfermait comme on dit la promesse du printemps et quelqu'un lâcha un pet discret pendant l'Élévation. Quand je rentrai, papa était debout, gai comme un pinson, occupé à boire une tasse de thé en lisant le *News of the World* qu'on nous livrait. Il aimait la page des faits divers avec ses avortements, ses chefs scouts scandaleux et en ce temps-là on publiait aussi dans les pages centrales une chanson populaire, paroles et musique, et des photos de filles montrant leurs jambes jusqu'au derrière, ce qu'on appelle provocant. Papa leva les yeux sur moi très joyeusement et dit :

— Excuse-moi de pas avoir été capable, ma fille, de t'accompagner à la messe, je veux dire, j'avais la tête un peu lourde. Le thé est encore chaud, je t'en verse une tasse ?

Ce qu'il fit. Je m'assis sur le canapé en le regardant. Je dis :

— Alors tu ne te rappelles pas ?

— Je me rappelle pas quoi, ma fille ?

— Hier soir. Mon Dieu, tu ne te rappelles vraiment pas ?

— J'ai gagné trois sous avec les canassons et j'ai un peu bu, ça je le sais, mais j'ai quand même bossé, non ? Ancien et moderne et un gentil sourire pour sa saleté le Rectum, si tu me passes l'expression.

Il blêmit un peu quand je lui narrai les détails les plus sanglants mais il dit :

— Pas de quoi s'en faire, un faux pas, c'est humain, ce sera vite oublié. Tu verras, ma petite.

Je n'arrivais pas à lui mettre dans la tronche qu'il avait perdu son boulot. Il dit encore :

— T'as vu un peu, cet assassinat, non ?

Sachant très bien que je ne pouvais pas encore avoir regardé le journal.

— Il a sorti les boyaux de sa femme, il les a collés à la fenêtre en formant les lettres de son nom, Lily.

Il adorait ça, un bon assassinat. C'était l'une de ses rares distractions. Il avait un livre qu'il avait chipé à la bibliothèque, intitulé *le Métier de tueur* et qui racontait tout sur Charlie Peace et le Dr Crippen et Smith, l'assassin des fiancées au bain. Il était comme fasciné par l'idée de ces filles qui se noyaient dans leur bain tandis que Smith jouait *Plus près de toi, mon Dieu* sur l'harmonium du salon. Bah, c'était inoffensif, j'imagine, ce genre de lecture, un homme très doux, mon papa, qui n'aurait pas fait de mal à une mouche. Mais c'est rigolo la façon dont les idées sont transmises d'une génération à une autre pour devenir moins inoffensives, comme vous le verrez par la suite.

Le déjeuner dominical était toujours assez difficile, puisque nous ne disposions pour la cuisine que du réchaud de cette chambre et de celui de la chambre que j'allais devoir évacuer, mais d'ordinaire j'achetais du bœuf froid chez le traiteur suisse de Princess Road le samedi après-midi et je réchauffais des haricots en sauce dans une casserole, pas vraiment le festin familial, mais fallait bien que ça fasse la rue Michel. Papa avait grand appétit ce jour-là, il mangea de bon cœur, si tant est que l'on puisse manger de bon cœur des tranches de viande si minces qu'on voyait le motif des assiettes à travers, arrosées d'une des cinquante-sept spécialités de Heinz. Décidément, y avait intérêt à ce que les choses changent, et bien sûr elles allaient changer mais pas dans notre intérêt.

Papa passa au Star le lundi matin. C'était le moment où ils recevaient les nouveaux films, livrés par le train de nuit ou je ne sais trop quoi, et où ils se les projetaient d'un bout à l'autre pour que papa puisse les regarder et décider de la musique qu'il allait jouer. Bon, Hawkes était là, et Hawkes était toujours aussi furibard et il y eut une sacrée prise de bec que papa me raconta en partie, qui se termina quand papa lui dit de se coller son boulot au train et puis marre. Je n'ai jamais eu un mot de remerciement pour ce que j'ai fait pour vous, avec ma démarche vraiment artistique au lieu de débiter du saucisson au mètre comme tous les autres particuliers et vous n'avez jamais fait accorder cette vieille saleté alors que je n'arrêtais pas de vous le demander et donc vous pouvez aller vous faire voir, vous et votre cinéma, mon pote. Hawkes dit qu'il y avait une semaine de préavis et qu'il n'avait pas encore de remplaçant et que papa devrait donc travailler jusqu'à la fin de la semaine, mais papa répondit foutez-vous le cul et ajoutez-y votre fric, espèce de rapiat ingrat, et ainsi de suite.

Ce fut une semaine assez misérable, comme vous vous en doutez, papa faisant la tournée des cinoches les plus miteux, des endroits à côté desquels le Star était une salle raffinée, les vrais de vrais dans lesquels, comme on disait alors, on pouvait entrer en chemise et ressortir en caleçon. Parce que les endroits huppés n'embauchaient pas, et qu'il y avait déjà les premiers effluves d'une dépression imminente dans le bizness musical, personne ne prenant plus de leçons, les gens préférant la TSF au piano droit du salon, et on parlait même de l'avènement du parlant qui était déjà en chemin en Amérique, mais des tas de gens préféraient fermer les yeux et l'on voit bien pourquoi, tous ces musiciens de cinéma qui allaient se retrouver au chômage et puis ce que ça coûterait d'équiper les salles pour le Nouveau Phénomène, comme on disait. Quoi qu'il en soit, papa trouva un boulot au New Electric, en plein cœur des quartiers pourris de Shorlton on Medlock, au salaire de vingt-cinq shillings par semaine, et nous recommençâmes à partager la chambre unique, moi dormant sur le canapé comme devant.

Ce New Electric était presque vide tous les soirs et il n'y avait pas de matinées, pas même pour les gosses le samedi, et les films étaient vieux et pluvieux et réduits en lanières et tout le monde avait l'air de s'en ficher. Mon papa vit bien vite ce qu'était réellement l'établissement, une couverture pour autre chose, et il ne lui fallut pas longtemps pour découvrir que c'était un lieu où les hommes venaient lever des prostituées dans le noir et où des marchandises volées étaient rachetées par des fourgues, et mon papa comme un couillon a joué pour des films que personne ne regardait sauf quand la police entrait et qu'alors tout le monde devenait innocent comme l'agneau et sage comme une image. C'était en apparence trois frères qui dirigeaient l'établissement, des Italiens d'après leur nom, qui était Tagliaferro, plutôt sicilien, me dit Rolf, et ça devait être vraiment moche parce que papa non seulement n'insistait pas pour que je sois là et qu'il puisse m'avoir à l'œil mais me dit en fait :

— Je ne veux pas que tu viennes, ma fille, ça ne me plaît pas, tu deviens grande fille maintenant et y se passe de drôles de trucs et ça ne me plaît pas mais je n'ai pas les moyens de faire le difficile.

Le piano sur lequel il devait jouer, à ce qu'il me dit, ne fonctionnait que jusqu'au do moyen. Au-dessus de cette note tout n'était que bruissements d'un enchevêtrement de ferrailles, assez utiles pour les scènes de fantômes ou pour le tonnerre et les éclairs sur la forêt sinistre mais on ne pouvait exécuter ni le *Chant du printemps* de Mendelssohn ni la *Prière de la jeune fille* et c'était pas la peine non plus de se plaindre, ça pouvait vous valoir un coup de surin dans le bide, et donc l'existence fut assez misérable dans la treizième année de ma Précieuse Enfance.

C'est ici et maintenant qu'il me faut parler de

quelque chose de très honteux, mais ce que je fis ou me fis faire était entièrement pour la bonne cause. Mon papa avait cessé de venir me chercher à l'école à quatre heures, lui-même se rendant compte que ça devenait un peu ridicule à mon âge, je me sentais tout à fait idiote, alors t'attends ton papa, gros bébé, mais en un sens c'était lui qui voyait juste, les filles ont toujours besoin d'être entourées de soins et de protection. Bref, quand je sortais de l'école l'après-midi il y avait souvent un type à la porte qui nous regardait sortir, nous les filles, et qui n'était le père de personne et avait une espèce d'air affamé comme s'il se sentait trop seul ou peut-être qu'il avait eu une fille qui était morte jeune et qu'il retournait le couteau dans la plaie comme font certains en essayant en quelque sorte de voir cette sienne fille devenue l'une des songeuses et rieuses écolières avant de rentrer chez lui pleurer un bon coup. Nous autres, les filles, on riait de lui entre nous, disant ah, le revoilà, voilà ton fiancé, Elsie, qu'est-ce qu'il est beau, hein ? et tout le tralala. C'était un homme de l'âge de mon papa environ, mince, avec une moustache qui eût gagné à être présentée aux ciseaux à ongles et des yeux très pâles et comme qui dirait funèbres. Il semblait plutôt inoffensif, d'ordinaire il se tenait là à regarder avec son air famélique et triste. Or, hasard ou intention, un soir que je sortais tard et toute seule, ayant eu une retenue pour avoir été méchante et dessiné une bulle avec JE T'AIME sur une des illustrations du vieux livre de lecture en lambeaux que nous avions et qui s'intitulait *les Aventures d'Ulysse*, que nous appelions Hélice, il était encore là, quoique sur le point de partir, quand je laissai tomber la vieille musette qui avait contenu le sandwich de mon déjeuner, du pain et de la margarine teintée de Bovril, que je faisais descendre avec quelques gorgées d'eau du robinet dans le vestiaire des filles, et il la ramassa en disant : « Vous avez perdu quelque chose, mademoiselle ». Il n'avait pas l'accent de Manchester quand il parlait, plutôt un accent huppé de Londres, mais il est vrai que tous les accents de Londres nous semblaient huppés, à nous autres. Et puis avant que j'aie eu le temps de me rendre compte de ce qui se passait, il m'a accompagnée le long de Princess Road.

Et voilà que ce bonhomme dit qu'il s'appelait Frederick Gosport, il avait rudement envie de bavarder, on m'appelle Fred, et qu'il était veuf, sa femme étant décédée de ce qu'il appelait une mortification de la matrice, si vous me pardonnez l'expression, dit-il, et qu'il n'avait pas été aussi triste qu'il aurait dû, parce que c'était une Femme Dominatrice qui n'avait jamais voulu en faire qu'à sa tête, si je voyais ce qu'il voulait dire. Je crus que je voyais ce qu'il voulait dire, mais je découvris bientôt que ce n'était pas vrai, en fait. Ce n'était pas seulement qu'elle lui prenait tout son salaire et disait cette année nous irons à Margate et pas à Saint Leonards pour nos vacances, bien que cela en fît partie. Son épouse, dit-il, était une femme de Manchester qu'il avait rencontrée à Scarborough pendant les vacances, ils s'étaient mariés à Ealing ou je ne sais où, et puis elle avait tenu à revenir à Manchester parce qu'elle ne pouvait vraiment pas supporter les gens du Sud, un ramassis de cœurs froids qui n'avaient aucune vitalité, disait-elle, et alors ils étaient revenus et avaient pris cette maison dans Clairmont Road, pas loin de l'endroit où mon papa et moi logions, et il travaillait de nuit à l'usine électrique, commençant son service à minuit et le quittant à huit heures du matin. Il en était venu à aimer travailler la nuit, dit-il, parce que sa femme voulait n'en faire qu'à sa tête, et je ne voyais toujours pas ce qu'il entendait par là. Il avait pris l'habitude de travailler la nuit et n'arrivait plus à s'en défaire, dit-il. Il dit encore :

— Ce n'est pas trop loin d'ici, si ça vous dit de venir voir. La maison, c'est-à-dire, où j'habite. Elle part un peu en quenouille, parce que je n'ai personne pour s'occuper de moi, mais je fais de mon mieux. Si vous voulez une tasse de thé je vous en offre une, je m'en fais toujours une vers cette heure-ci, avec des Cadbury au chocolat au lait que j'aime bien.

— Il faut que je rentre, dis-je. Mon papa m'attend.

Alors il en vint à qu'est-ce qu'il fait, votre papa et je le lui dis et il fut très intéressé.

— Alors comme ça il travaille le soir, hein ? Ma foi, si le cœur vous en dit de venir un de ces soirs chez moi, je pourrais vous faire entendre ma TSF, je l'ai faite, c'est un de mes passe-temps pour ainsi dire, puisque je fais dans l'électricité de toute façon, pas un poste à galène, hein, oh, grand Dieu, non, un vrai poste avec des lampes et des haut-parleurs.

Alors je me dis que j'allais lui montrer ce que je le soupçonnais d'avoir derrière la tête, et donc je me redressai bien droite et je lui dis :

— Vous savez l'âge que j'ai ?

— Quel rapport ça peut bien avoir avec quoi que ce soit ? dit-il. Moi, je vous donnerais dans les seize ans, mais c'est pas possible, puisque vous allez encore à l'école élémentaire, mais pourquoi vous posez cette question ?

— Autant que vous le sachiez, vous croyez pas,

non? dis-je. Y a pas de mal à ce que je vous dise mon âge, tout de même, je vais sur mes quatorze ans.

— Vous viendrez? dit-il comme ça, un peu bas et haletant, pour écouter ma TSF?

Y disait ça — à vous faire croire qu'il pouvait capter des postes étrangers à la fois cochons et suggestifs.

— Ben, dis-je, inventant à mesure sous l'aiguillon de la nécessité, c'est qu'en principe je commence un travail le soir, à partir de lundi prochain.

On était vendredi et je me torturai la cervelle pour trouver le genre de travail qu'une fille de mon âge pouvait bien faire le soir, et, bien sûr, je l'avais là tout prêt et servi sur une assiette.

— Je dois aller au cinéma Star en soirée vendre des chocolats pendant les entractes.

Il dit alors très précautionneusement:

— S'il vous faut une espèce de travail, je peux vous en donner. Un peu de ménage, la vaisselle, ce genre de choses. Faire le lit, ajouta-t-il et il déglutit à grand bruit sur cette dernière proposition. Combien qu'ils vous payent pour vendre des chocolats? Dans les cinq shillings par semaine et le droit de grignoter un truc gratuitement?

— Oh, plus, dis-je, n'ayant pas la moindre idée de combien.

— Si vous veniez demain soir? dit-il. Alors, heu, on pourrait en parler.

— J'veux bien, dis-je, et mon palpitant était comme qui dirait emballé.

Et c'était à croire qu'il pouvait le voir cogner à travers mon chemisier, en tout cas c'était là qu'il regardait.

Bref, pour vous la faire courte, quand papa fut parti

prendre son boulot au Pleinlavue Palace, comme il l'appelait, le lendemain soir, je me mis un rien de rouge à lèvres et deux gouttes de Juillet, qu'en ce temps-là j'appelais Juliette. Je m'étais acheté les deux un peu avant, avec des sous que papa m'avait donnés un jour où un cheval était arrivé et où il ne se tenait pour ainsi dire plus de joie, et je les gardais cachés dans mon vanity-case qui était une vieille boîte de chocolats décorée de chatons et de fleurs à l'extérieur. Papa ne regardait jamais dedans, respectant comme il disait l'Intimité de Madame. Et puis je sortis dans le soir de printemps, souhaitant qu'il fît un peu plus sombre. Parce qu'il y avait quelques-uns des garçons de Moss Lane East qui tournaient sur leurs bécanes en criant : « T'aimes-t'y les bananes et la crème chantilly ? », bougres de jeunes cochons. La maison où j'allais était au numéro 88 de Clairmont Road et quand je fis cogner le heurtoir ce n'était pas la seule chose qui cognait, cognait.

Eh ben voilà, il était là, dans sa baraque plutôt vide et poussiéreuse, mais ce n'était pas le ménage qui l'intéressait, comme vous vous en doutez. Et y avait ses trois appareils de TSF, bricolés par lui, et il les alluma tous les trois à la fois et c'était des comiques imbéciles du Lancashire, l'un disant : « J'ai du sang bleu dans le veines », et l'autre répondant : « Qu'est-ce que tu crois que j'ai dans les miennes, du pissenlit et de la bardane ? » Et puis Fred, comme il me demanda de l'appeler, en vint au fait, sans perdre de temps. Il dit :

— Je ne demande pas grand-chose, j'irai droit au but avec toi, mais c'était une femme très dominatrice.

— Combien ? dis-je.

— Un demi-dollar (un dollar = cinq shillings) chaque fois que tu viendras, dit-il. Je sais que c'est contraire à la loi puisque t'as pas l'Age du Consentement, mais j'imagine que ça t'intéresse pas plus d'aller en maison de redressement en tant que Jeune Personne ayant Besoin de Soins et de Protection que ça m'intéresse moi d'aller au placard pour Incitation de Mineure à la Débauche. D'ailleurs de la débauche, y en aura pas. Tout ce que j'ai à te dire, c'est que si t'es venue ici vierge, t'en ressortiras vierge, ça, je te le promets.

Je savais ce qu'était une vierge, ayant été élevée dans la religion catholique, mais j'étais plutôt dans le vague quant à ce que pouvait bien signifier en rester une.

— Alors va pas baver dans les oreilles de tes petites copines à l'école, conclut-il, parce que tu plongerais autant que moi.

Et puis il me fit asseoir sur ses genoux dans un grand fauteuil grinçant près du feu, c'était le printemps mais encore assez frais pour qu'on fasse du feu, et il se mit à m'embrasser, à me mettre la main et tout le tralala et puis il me dit qu'il allait me Faire Minette, et moi, comme une imbécile, j'en étais encore à me demander ce que ça pouvait bien vouloir dire quand il me le montra sans équivoque. Ce fut la première fois que je me rendis compte de ce qu'il y avait derrière toutes ces histoires, et pour je ne sais quelle raison je vis mon pauvre papa qui jouait du piano. Je ne savais pas comment appeler ce qui m'arriva alors, mais il me fournit le mot.

— T'as joui, dit-il.

Puis il colla son machin tout chaud contre ma jambe

nue, près du haut, et puis il dit qu'il avait joui aussi. C'était donc fini.

— Assez pour un soir, dit-il tout en s'essuyant avec un mouchoir sale. C'était très bon d'ailleurs. Demain c'est dimanche et je vais rester comme qui dirait avec mes rêves. Je te verrai lundi à la même heure. Très bon, ajouta-t-il comme si je lui avais préparé une saucisse frites, puis il remonta son pantalon, tout l'argent dans ses poches tintinnabulant avec ses clés, et il en pêcha une pognée et il me tendit un demi-dollar.

— Comme convenu, dit-il. Et dépense pas tout d'un coup.

Et puis il me colla sur la joue un baiser sonore et me poussa plus ou moins vers la porte.

Moi, j'allai aussitôt acheter des trucs — une boîte de saumon rose, du jambon et du rosbif froid chez le traiteur et aussi de la salade russe et deux beignets à la confiture à la pâtisserie Shaw. Tout ça, c'était pour le dîner de papa, mais comment allais-je lui expliquer pour l'argent? Dire que je l'avais trouvé? Qu'une bonne dame me l'avait donné? Parce que — je fis le calcul — j'allais rapporter dans les quinze shillings par semaine, presque autant que gagnait papa, si ce Fred respectait notre accord. Si la Loi m'avait autorisée à quitter l'école tout de suite plutôt qu'à quatorze ans révolus, j'aurais toujours pu faire semblant d'avoir un boulot de vendeuse dans une boutique pendant la journée, mais cela étant exclu, que pouvais-je faire? Évidemment, papa ne remarquerait peut-être rien au début, pensant seulement que les sous qu'il me donnait pour acheter des trucs duraient plus qu'il n'aurait cru, et c'était possible, parce que tout devenait très bon marché, surtout les marchandises qu'on appelait le Dumping japonais, et cela avait à voir avec la Dépression qui se poursuivait, encore que je n'aie jamais compris comment ou pourquoi. Je finis par décider de lui dire que je gagnais quelques sous en aidant Miss Hampton à faire le ménage de son appartement, comme elle disait, très huppée, Miss Hampton étant la maîtresse qui nous enseignait le chant et la seule de l'école à n'être pas bonne sœur. Je garderais une partie de ce que je gagnais cachée dans mon vanity-case, et cela servirait pour les cas d'urgence, mais là encore l'explication serait difficile. Il serait bien temps de résoudre le problème quand il se poserait — il y a là-dessus une histoire de manche et de cognée que je n'ai jamais beaucoup mieux comprise que la Dépression.

Puis je m'avisai soudain que ce que j'avais fait ce soir-là et comptais faire d'autres soirs était un Péché Mortel, et je sentis mon estomac descendre plus bas que le plancher de notre petite chambre tandis que je serrais les provisions que j'avais achetées dans le cagibi. Normalement j'allais à confesse à Saint-Edouard le vendredi matin, avec les autres filles de ma classe, l'idée étant d'assurer ainsi que nous nous confessions car nous étions de la Mauvaise Graine. Ce n'était pas le Péché d'Adultère mais c'était le Péché d'Impureté, et il allait falloir que je confesse et que je promette de ne pas recommencer. Bah, je pouvais toujours faire ça et puis rompre ma promesse comme tout le monde. Parce que, enfin, si tout le monde tenait sa promesse ce serait la fin de la confession et les curés n'auraient plus d'autre boulot que de servir la messe. Puis il y avait aussi que je n'avais rien fait, ce qui s'était passé m'avait été fait, ce qui n'est pas la même chose du tout. D'accord, mais tu vas dans cette maison en sachant ce qui s'y passera, et ça, c'est bien faire quelque chose, non ? Mais aller dans une maison n'est pas un péché, pour l'amour du ciel, et rien n'assure qu'il fera cette fois ce qu'il a fait la dernière, il pourrait dire j'suis un peu crevé, écoutons la TSF. Je finis par me convaincre que c'était en fait un Péché Véniel, parce que ce qui se passait rendait service à mon papa et que ce n'était pas moi qui avais commencé. On n'allait quand même pas me mettre en enfer pour avoir aidé mon pauvre joueur de piano de papa, non ?

De toute manière ça ne marcha pas tous les soirs, parce que, la semaine suivante, Fred dit :

– Ne viens pas demain soir ni le soir suivant.

Et je me demandai, un peu jalouse, c'est drôle tout de même, s'il allait voir quelqu'un d'autre ces deux soirs-là. Les deux soirées où je ne devais pas y aller étaient celles du vendredi et du samedi, ce qui me facilita les choses à confesse le vendredi matin. Le père O'Casey était là, derrière l'espèce de grillage, et il lisait le *Daily Mail,* ce qui me paraissait assez arrogant, car signe qu'il n'accordait pas suffisamment d'attention à ce que nous lui confessions, mais nous n'étions que des enfants et nos péchés ne devaient pas être très importants comparés à ceux des Pécheurs Adultes qu'il entendait le samedi. Je dis :

– Bénissez-moi, mon père, parce que j'ai péché par la pensée, par la parole et par les actes. C'est ma faute, c'est ma faute, c'est ma très grande...

– Très bien, mon enfant, dit-il en m'interrompant avec grossièreté. Qu'as-tu fait ?

– Je n'ai pas été attentive à la Sainte Messe et j'ai sauté deux fois mes prières du soir et je me suis mise en colère contre mon père, et j'ai plaisanté et ri pendant le catéchisme.

— Autre chose, mon enfant?

Et il tourna les pages du *Daily Mail* jusqu'aux courses.

— Des péchés d'impureté, mon père.

— Toute seule, mon enfant, ou avec quelqu'un d'autre?

On voyait que ça commençait à l'intéresser désormais, il ne regardait pas la page des courses.

— Avec quelqu'un d'autre, mon père. Quelqu'un du Sexe Masculin.

— Qu'as-tu fait?

— Rien du tout, mon père. C'est lui qu'a tout fait.

J'écoutai très attentivement ce qu'il dit alors, un discours enthousiaste et véhément sur la pureté, le risque de choquer Notre Dame et de n'être pas agréable à Dieu, puis il dit:

— Promets-tu de ne pas commettre de nouveau ce terrible péché?

Et moi:

— Je promets de ne jamais rien refaire qui soit un Péché d'Impureté.

Et c'était vrai, quoi, je ne mentais pas, je n'avais rien fait. Alors il me pardonna et me donna cinq Pater et cinq Ave, ce qui n'était pas terrible tout bien considéré, et je m'en fus les dire devant la statue de Notre Dame. Et je m'en tins à cette façon de faire les choses une fois pour toutes et ne m'en portai pas plus mal.

Mais la dureté des temps allait désormais devenir réelle non seulement pour mon papa mais pour tous ceux qui jouaient de la musique dans les cinémas, je veux dire le Cinéma Parlant. Un jour, il y eut une journée de sainte obligation, ce qui signifiait un jour sans école après la messe, et j'invitai mon papa à venir avec moi à une matinée du cinéma Deansgate, en ville, et la salle était bondée à cause de la Nouveauté. C'était *le Chanteur de jazz* avec Al Jolson, et ce n'était pas un film parlant du tout, c'était chantant, avec *Kol Nidrei* et *Je ferais un million de kilomètres pour un de tes sourires, my mameeeee,* et le dialogue sur les cartons habituels, rien de nouveau. Mais ce que nous remarquâmes, mon papa et moi, c'est que la fosse d'orchestre était vide. Il n'y avait même plus de piano là-dedans et on voyait bien que la poussière allait peu à peu envahir les lieux et peut-être même qu'on finirait par combler la fosse avec du ciment ou je ne sais quoi. Ça faisait bizarre au début, la sensation qui aurait dû être là et n'y était pas, la musique sortant de haut-parleurs pendant les réclames, très métallique et dure et comme qui dirait menaçante (comme Hitler j'imagine, seulement Hitler ne l'était pas encore à ce moment-là), et puis le même genre de musique dure et métallique pendant tout le film, mais collant aux scènes exactement comme le piano de mon papa, très professionnel, le système Vitaphone qu'on appelait ça, le son sur disques. La prophétie de Hawkes s'était réalisée, me dis-je. Mon papa arrêtait pas de secouer la tête.

— Que Dieu leur vienne en aide, ils vont en redemander, les imbéciles. Nous n'en avons plus pour longtemps, nous autres, pauvres cons que nous sommes.

Ça allait prendre du temps, nous nous en rendions tous compte, avant que toutes les salles se soient équipées d'appareils sonores, mais d'un autre côté, ceux qui ne s'équiperaient pas ne seraient pas nombreux à survivre. L'affreux cinoche plein de puces de mon papa n'était pas pressé, évidemment, et ne se souciait guère de survivre comme établissement où on se rendait d'abord et avant tout pour voir des films. Mais s'il demeurait le seul établissement silencieux de toute la région de Manchester, ça finirait tôt ou tard par faire jaser et la police ne manquerait pas de trouver ça très intéressant, comme dit mon papa.

Je me rappelle la plupart des premiers parlants, ceux sur Vitaphone, et ceux qui avaient le son sur le film, sur une piste sonore, car tels étaient les deux systèmes en usage et nous savons lequel des deux l'a emporté. Il y eut *le Fou chantant,* de nouveau avec Al Jolson, et cette fois ça parlait en même temps que ça chantait, mais il y avait de longs intervalles où les dialogues étaient à l'ancienne, écrits en haut ou en bas, vachement bizarre, comme si quelque loi fondamentale et secrète ne permettait pas aux acteurs de parler tout le temps. Le premier film que je vis qui était entièrement parlant du début jusqu'à la fin s'intitulait *le Secret du docteur,* il était très court, avec Ruth Chatterton... Et puis nous commençâmes à n'en plus recevoir d'autres que des parlants, presque tous avec une Chanson du Film comme on disait, même *le Secret du docteur* avait une chanson intitulée *Une demi-heure*. Il y eut *Weary River,* avec Richard Barthelmess, et *Broadway,* avec Regis Toomey, et toute la série qui vous introduisait dans les coulisses du music-hall telles *les Folies Fox Movietone* de 1929. Et puis il y eut *Broadway Melody,* que je vis six fois au cinéma Tower, à Blackpool, mais j'en parlerai plus tard. Il y eut *les Innocents de Paris,* avec Maurice Chevalier qui chantait *Louise,* et aussi

Claudette Colbert. Et les salles durent céder parce que tous les films qu'on faisait désormais étaient parlants. Je me rappelle un cinéma, le Princess, qui prétendit une semaine avoir le parlant, mais qui avait seulement *le Chanteur de jazz* sans son et passait les disques d'Al Jolson sur un phono retransmis par les haut-parleurs. Ce qu'on appelle aujourd'hui le synchronisme laissait à désirer. Quant au Royal, l'établissement de Jake Innerfield dans Princess Road, il eut le culot d'afficher VOUS EN FAITES PAS POUR LE PARLANT, CE QUE VOUS VERREZ CHEZ NOUS VOUS FERA PARLER et de passer les vieux films muets allemands avec des titres comme *les Secrets de l'âme* jusqu'au jour où il lui fallut bien faire comme les petits copains.

Mais le New Electric se procura une cargaison de films muets italiens avec les cartons en italien et le public demeura exactement ce qu'il était auparavant. La police se montrait de plus en plus soupçonneuse, et se mit à interroger mon papa, le ramassant à quelques rues de là quand il attendait le tram pour venir me rejoindre à la maison, le pauvre diable, des flics en civil bien sûr qui lui offraient même une ou deux pintes et une petite conversation tranquille dans le confort d'un pub qui s'appelait The Earl of Stanley. Ils étaient vachement sympas d'ailleurs, ne lui posant que des questions comme :

— Alors, qu'est-ce qui se passe au juste là-dedans ?

— Ils passent des films, disait mon papa, et moi je joue d'un piano dégueulasse et c'est tout ce que je sais.

— Vous ne savez rien, par exemple de types qui lèveraient des mineures dans le noir ? disait l'un de ces en-bourgeois, comme on les appelait.

— Je m'occupe que de mon travail, disait papa, si on peut appeler ça un travail.

– Vous avez vu des choses changer de main? demandait l'autre.

– Quel genre de choses?

– Comme ça, disait-il en tirant de sa poche d'imperméable un tas de joyaux comme qui dirait, me racontait mon papa. On a saisi ça sur un individu nommé Norbert le Snark à la sortie de la première séance de jeudi. Il a prétendu qu'on les lui avait fourrés dans la poche sans qu'il s'en aperçoive.

– Je peux rien vous dire de plus que ce que je vous ai déjà dit, disait mon papa. Franchement.

– Bon, disaient-ils, merci – sans en penser un mot.

Le jour vint où quand mon papa se rendit au travail, on donnait un truc sur Dante dans l'Inferno ou je ne sais quoi, il trouva l'établissement bouclé. Il n'y avait personne dans les environs. Les frères Tagliaferro s'étaient fait la malle, et ce fut la fin du boulot de mon papa. Il avait été le dernier des joueurs de piano des salles de cinéma.

Six

Je n'ai rien dit dans ce dernier passage de la manière dont ma Contribution aux Finances s'établissait, l'histoire de mon père et de la fin du piano dans les cinémas étant plus importante et faisant réellement partie de l'Histoire, alors que ma façon de récolter quelques shillings avec ce bonhomme en batifolant et par la suite en me faisant mettre, ça devait arriver tôt ou tard et ça fait bigrement mal la première fois et puis y avait ces saletés de capotes gluantes, est plutôt anecdotique mais arrive tous les jours. De toute manière, il changea de lieu de travail, partit pour Doncaster, je crois bien, et ça valait mieux parce qu'un policier me demanda un soir pourquoi je me rendais sans cesse dans cette maison et ce qui s'y passait. Je dis que c'était mon oncle Fred et que je faisais son ménage, et l'autre le nota, ce qui fut loin d'être de mon goût. Mais il était parti désormais et cela signifiait qu'il ne rentra presque plus rien pendant un petit moment, à l'exception de ce que papa gagnait au Wheat Sheaf, un pub où régnait une ambiance vachement teigneuse, où il jouait pendant la soirée. Mais pendant l'été 1930, je crois bien que c'était, les choses semblèrent vouloir s'arranger.

C'est toujours Rolf qui transcrit tout ça avant de le récrire, mais voilà qu'il me dit que je devrais exposer à mes Lecteurs Jeunes, catégorie qui l'inclut, un peu plus de ce qu'était la vie en ces jours de ma jeunesse. Bien, avant tout il y a les choses que nous mangions, et bien que nous fussions très pauvres il me semble aujourd'hui que ces choses étaient plus goûteuses que ce que quiconque mange aujourd'hui. Ce n'était pas ce qu'on appelle un Régime Équilibré qui était le nôtre, oh non, mais c'était un Régime Goûteux. Nous nous servions d'ordinaire beaucoup de sauce HP pour ajouter du goût aux choses, et parfois du Daddies et du Al et du OK et du Yorkshire Relish, mais la sauce HP était la meilleure et le demeure. Faites sauter la capsule d'une bouteille de sauce HP et reniflez un bon coup, vous reniflerez ce que je reniflais quand j'étais gosse, ça n'a pas changé du tout. Une chouette odeur aiguë et comme fruitée, vinaigrée et pourtant pleine de corps, voilà ce que c'est. On en mettait sur tout, sur le poisson frit et les frites, sur le corned-beef, le saumon en boîte, mais mon papa préférait le vinaigre de malt sur ses frites et son saumon en boîte. Ici en France nous avons le vinaigre de vin, mais il n'arrive pas à la cheville de ce qu'on fabriquait à partir du bon malt de brasserie britannique, l'*alaigre* (de *ale,* bière), comme on l'appelait parfois. Les frites qu'on servait en ce temps-là étaient grosses, dorées et croustillantes, je me rappelle, et rien n'était meilleur quand je m'étais gelée en rentrant à la maison de l'école par une journée d'hiver que de déjeuner d'une « beurrée aux frites » qui était des frites brûlantes salées et poivrées et couvertes de sauce HP entre deux tranches de pain et de beurre ou de margarine. Quand nous étions vraiment fauchés, je mangeais des beurrées au sucre, qui n'étaient que du pain et de la margarine couverts de sucre en poudre, très mauvais pour la santé dit-on, mais ça vous calait. Il fut un temps où même les tranches de cake, nous les collions entre deux tranches de pain pour leur faire tenir la route.

La portion de poisson frit de trois pence, nous l'accompagnions d'ordinaire non seulement de frites mais d'un penny de « petites », la pâte à beignet croustillante dont j'ai déjà parlé. Le penny de pois, c'étaient de gros pois secs, salés et poivrés avec du vinaigre, ça aussi c'était bon. Il m'arrivait de préparer un *lobscouse* sur le petit réchaud, ça c'était un truc de Liverpool, mais je sais qu'on le mange aussi à Hambourg et à Stockholm, et ça consiste en dés de pommes de terre et d'oignons cuits à l'eau ensemble, après quoi on les égoutte en grande partie et on ajoute une boîte de corned-beef, on remue à la fourchette, on remet à chauffer, on sert avec plein de HP, délicieux. On aimait bien aussi en ce temps-là une boîte de saumon accompagnée seulement de patates bouillies qu'on écrasait. Comme douceur nous avions les Eccles Cakes et les beignets à la confiture. Un *barmcake* chaud, rôti devant le feu avec plein de margarine, n'était pas mal non plus. Nous ne buvions que du thé, jamais de café ni de cacao, et c'était toujours mon papa qui le faisait.

Nous avions une théière brune au bec ébréché et qui contenait un litre à peu près. Pour s'assurer qu'elle était chaude, il n'y versait pas d'eau bouillante, comme font la plupart, il la posait près du réchaud pour qu'elle soit bien chaude de partout, bien comme il faut. Puis il y mettait quatre bonne grosses cuillers de Lipton ou de Seymour Meads et versait dessus l'eau qui bouillait encore. Puis il laissait infuser pendant trois minutes environ. Nous y mettions toujours du lait concentré Nestlé, que nous préférions au lait de vache, tout cela me manque aujourd'hui, je peux vous le dire, et il n'y a pas vraiment moyen de le retrouver. Parce que après tout, qu'est-ce qui m'empêche de faire le thé comme ça ici, dans le sud de la France ? J'ai tous les éléments, et pourtant ce n'est pas la même chose. L'atmosphère n'est pas la même, la petite chambre odorante avec le feu qui flambait et la fenêtre fermée, le lit de mon papa encore défait et tout ça.

J'ai failli oublier de parler des saucisses de porc, qui contenaient beaucoup de viande. Nous les faisions frire sur le réchaud et nous les mangions avec du pain et de la HP. On trouve plus de saucisses comme ça aujourd'hui, toutes dodues, à l'étroit dans leur peau croustillante qui éclatait pour laisser sortir tout ce qu'elles contenaient de bon. Et puis il y avait les pâtés à la viande à trois pence de la pâtisserie Shaw, le vendeur y versait de la sauce chaude par un trou dans la croûte avec un cruchon. Le chou ? Ça vous empuantit une chambre et c'est que de la flotte de toute façon. La laitue, c'est bon pour les lapins, ça nourrit pas du tout. Les concombres et les radis, ça donne des renvois. Les tomates à la rigueur, mais pas trop juteuses, quand on pouvait les faire frire avec un petit peu de lard.

C'est assez facile de voir les autres différences entre alors et maintenant, parce qu'elles sont dans les bouquins et les films, les vieilles actualités, les trucs comme ça. Je crois bien que le moment que je me rappelle le mieux est l'été 1927, quand nous eûmes l'Éclipse Totale de Soleil, et que tout le monde se rassembla pour remonter Princess Road en troupeau dans le petit matin jusqu'à la colline près du cimetière sud avec des petits morceaux de verre fumé pour ne pas risquer de devenir aveugle. On parla beaucoup cet été-là dans les journaux de la Fin du Monde imminente, cette éclipse en étant le signe, mais ça ne changea pas grand-chose au comportement des personnes. Les jupes étaient très courtes et les filles portaient des jarretelles de fantaisie qu'on voyait très distinctement et qui étaient faites pour ça. C'est rigolo, les filles avaient semble-t-il les jambes plus courtes qu'aujourd'hui, quelque chose à voir avec le mauvais régime alimentaire, mais les miennes étaient bien assez longues et le sont encore. La danse à la mode cette année-là je me rappelle était le black bottom. Chez Woolworth, vraiment, on ne vendait rien qui valût plus de six pence. On y voyait des vieux s'acheter une paire de lunettes pour six pence, choisissez sur le présentoir, on ne perdait pas son temps à aller chez l'oculiste. On pouvait s'acheter une motocyclette en pièces détachées, six pence par six pence. L'argent, c'était du vraiment solide à l'époque, et le plus petit sou valait quelque chose. Ces jours ne reviendront jamais.

N'empêche, ça alla mal juste après, mais mon papa eut un vrai coup de chance et il l'avait mérité. Il jouait un soir au Wheat Sheaf, et un bonhomme qui était là lui demanda s'il connaissait une vieille chanson de music-hall, *Il a r'mis ça.* Mon papa dit oui et la joua et le bonhomme la chanta :

Il a r'mis ça
Il a r'mis ça

Il a r'mis ça encore une fois
L'a fallu qu'y r'tourne au bistrot
Juste à la sortie du métro
Et le voilà par terre
Le bide plein de bière
Y va nous faire une crise de nerfs
Il a r'mis ça
Il a r'mis ça
Il a r'mis ça encore une fois

C'était une chanson londonienne que le bonhomme chanta avec l'accent cockney et, pendant qu'il chantait, mon père et lui ne cessèrent pas de s'entre-regarder, et ce fut tout juste s'ils attendirent la dernière note pour se mettre à se taper dessus comme font les hommes pour montrer qu'ils sont contents de se revoir après très longtemps, et il s'avéra que cet homme était Robbie Partridge, le comique du groupe de music-hall auquel mon père avait appartenu à l'armée pendant la guerre. Il avait fait le tour de ce qui restait des salles de variétés en Angleterre et venait de reconstituer une troupe de music-hall, en quasi-totalité, et avait un engagement pour le Central Pier, à Blackpool, où il devait faire la saison d'été qui commençait à la Pentecôte. Ce qu'il leur manquait encore, c'était un joueur de piano expérimenté dans ce genre de travail, ce qui me surprit un peu, sachant combien de pianistes étaient au chômage dans la région, mais ce Robbie Partridge était très difficile. Or il savait que mon papa était très bon et il lui donna donc le travail.

J'allais sur mes quatorze ans, et il faudrait que je quitte les Martyrs anglais avant la fin de l'année scolaire, puisque papa et moi devions nous installer à Blackpool. En réalité, il aurait dû m'inscrire dans une des écoles de Blackpool, beaucoup plus huppées que les nôtres, même celles qui étaient gratuites. Mais l'enseignement ne me servait pas à grand-chose, j'allais de toute façon l'abandonner à quatorze ans, et je faisais déjà dans les dix-sept. Nous décidâmes donc de courir le risque, pensant que les autorités n'auraient guère de chances de nous confondre, et je sus donc que j'allais quitter l'école à la Pentecôte pour m'installer à Blackpool avec mon papa.

Or, dans toutes les villes il existe des meublés qui se spécialisent dans la clientèle des professionnels du spectacle, parmi lesquels les troupes de music-hall ou de caf'conc'. Mais les deux chambres que papa et moi trouvâmes étaient dans un meublé qui n'avait aucune expérience de ce genre de clientèle, seulement l'endroit semblait sympathique et propre et n'était pas loin de Yate's Wine Lodge. Il devait répéter parce qu'on ne lui demandait pas seulement de jouer du piano, il y avait de petits rôles dans des sketches et ainsi de suite, et je fus donc à même de me mettre à chercher un boulot pour moi, temporaire évidemment, comme tous les emplois de la saison d'été. L'emploi que je pus dégoter trois jours après le début des répétitions de mon papa n'était pas le Pérou, il s'agissait de servir dans un caffy sur la promenade, pour le déjeuner et le repas du soir. Je sais très bien que mon orthographe de café n'est pas correcte, mais il me semble mal indiqué d'utiliser le même mot pour deux choses aussi différentes, un café français n'offrant pas la moindre ressemblance avec ce genre d'établissement britannique, surtout à Blackpool, où l'on sert des repas mais aucune boisson alcoolisée — un bon petit beignet de plie avec des frites ou une bonne petite côtelette-frites et une bonne petite compote de rhubarbe avec du custard. A ce propos, je me demande pourquoi tout doit toujours être bon et petit, une bonne petite tasse de thé, une bonne petite tartine beurrée, mais c'est comme ça. Il arrive que le Père de Famille ayant fait asseoir son épouse et ses enfants déclare : « Eh bien, miss, nous allons tous prendre quelques bonnes petites tranches du Roast Beef de Vieille Angleterre avec sa garniture de deux légumes », alors qu'il sait forcément que c'est du bœuf congelé importé d'Argentine. Les gens ne pouvaient jamais parler sans détour des aliments en Angleterre, il leur fallait toujours enjoliver les choses avec des « bon petit », voire avec une chanson :

Rosbif et Yorkshire pudding à satiété
Rien n'est meilleur pour la santé

Ou encore :

Quand y a une bonne tourte au hachis
Ne pas en r'prendre s'rait du gâchis
Car c'est bon la tourte au hachis
Chi bon chi bon chi chi chi chi

Le boulot, y avait pas à se plaindre, on me laissait la petite monnaie de cuivre et parfois même six pence sous l'assiette, et Mr et Mrs Hargreaves, qui dirigeaient le caffy, y avait pas à se plaindre non plus, sinon qu'ils étaient vraiment très rapiats, je n'ai jamais vu personne de toute ma vie trancher la viande aussi fine que Mrs Hargreaves, comme un rasoir vraiment, on voyait à travers. Évidemment, il y avait un ou deux garçons qui essayaient de se placer avec moi en commandant leur rhubarbe au custard et parfois même un vieux solitaire qui prenait ses vacances tout seul, parce que sa femme venait de mourir ou un truc comme ça.

Blackpool était pas mal à l'époque, très stimulant et avec plein de choses à faire. Il y avait la Blackpool Tower qui y est toujours, une copie de la tour Eiffel que nous autres les gosses connaissions pour la plupart par l'étiquette de la limonade Eiffel Tower Crystals, et puis il y avait le zoo, le cinéma et le dancing de la Tour, sans compter des tas d'autres cinémas et des tas d'attractions foraines, comme la Grosse Dame et l'Homme à Deux Têtes et bien sûr le parc d'attractions avec l'Arche de Noé et la Balançoire Géante. Et il y avait les trois jetées, avec des machines à sous sur les trois et des caf'conc' à l'extrémité et une infinité de caffies et de pubs. C'était une station formidable pour les gens qui venaient de Bradford et de Chorley et de Bury pour leur semaine de congés payés, quand la ville tout entière fermait et que tout le monde prenait ses vacances en même temps, ce qui ne devait pas faire un changement considérable, aurais-je tendance à dire. La plage était agréable, la mer ne se tirant pas trop loin à marée basse comme elle le fait à Southport, mais elle était toujours pleine de gosses qui braillaient parce qu'ils avaient été piqués par une méduse, la mer en étant pleine.

Il me faut maintenant dire quelques mots de la troupe dont mon papa faisait partie, et bien plus au bénéfice de la Jeune Génération qui n'a plus la moindre idée de ces choses désormais. Mon père appartenait aux Cocoricos, un nom idiot, et pour vous donner une idée de ce qu'ils faisaient, je crois qu'il vaut mieux que j'essaye de me rappeler le programme tout entier, qui commençait avec toute la troupe en scène costumée en pierrots, et en pierrettes, et chantant en chœur le premier morceau du programme destiné à les présenter :

Cocorico
Cocorico
Nous voici nous voilà nous voici nous voilà
Vous distraire on est là pour ça
Quand le coq s'éveille le matin
Vous savez ce qu'il chante
Cocorico
Debout, mes petits cocos
Alors cocorico
Cocorico
Voici Jimmy et Maggie et Robbie et Jack
Et encore des tas d'autres
Avec une blague par-ci
Un éclat de rire par-là
Quelques pas de danse pour lier le tout
On cocoriquera
Pour vous amuser
Cocorico rico rico

C'est assez épouvantable à lire comme ça, mais, chanté, ça n'était pas trop mal, parce qu'on n'entendait pas toutes les paroles. Après ce premier couplet, Robbie Partridge qu'on appelait le Comique Bas faisait un petit numéro avec Rutland Wiltshire, dont le vrai nom était Ron Butcher, le baryton qui jouait aussi le rôle de Compère. Ce que Robbie appelait sa spécialité pour ce moment du programme était une grosse plaisanterie à propos de quelque chose qu'on avait vu dans les journaux du matin si c'était une matinée, ceux du soir si c'était une soirée, très actuel, très dans le coup, comme il disait toujours. Un après-midi il alla même nettement trop loin, d'après tout le monde, mais aucun spectateur ne s'en plaignit, après tout c'était les vacances. C'était à propos du scandale de ce curé d'un village proche de Reading, qui faisait des frasques avec celle qu'il appelait sa bonne, en fait une petite putain qui n'avait que seize ans. Elle s'appelait Doris Semple, je m'en souviens, ce nom était sur toutes les lèvres à l'époque. Bref, Robbie se permit un jeu de mots particulièrement graveleux et grossier que les bonnes âmes durent se faire un devoir de me répéter à l'époque mais que j'ai oublié. Tant pis.

Après cet éclat de rire toute la troupe dansait sur l'air de la première chanson sur un rythme très lent, puis terminait en la chantant de nouveau, cette fois très rapidement, et sortait de scène en dansant. Toute la troupe à l'exception de mon papa, bien sûr. Mon papa ne jouait pas seul pendant ces numéros ni pendant ceux qui étaient un peu plus jazz, parce qu'il y avait Styx Davies qui jouait de la batterie et plus tard un solo de xylophone. Mais pour le moment c'était le tour de Rutland Wiltshire de venir interpréter une ballade. Une de ses ballades disait:

Soleil, je ne veux pas de ta lumière
Lune, garde ton clair de lune
Car la lumière que je préfère
Ce sont les feux
Qu'allume l'amour dans les yeux
De celle que j'aime

Personne n'avait envie d'écouter une ballade tout de suite après la première chanson, mais il le fallait bien, que ça leur plût ou non. C'était comme qui dirait un Devoir, ou comme la Sainte Messe en un certain sens. Il y avait mon pauvre papa dans son costume de pierrot qui bombardait son piano, côté cour, et Rutland Wiltshire collé aux planches comme si on lui avait cloué les pieds par terre, gesticulant à la lune et au soleil et puis à son aimée qui était censée se trouver comme qui dirait dans le public. On l'applaudissait toujours beaucoup parce que tout le monde était content que ce fût fini, et puis venait le premier sketch, au grand soulagement de tout le monde.

Dans celui-ci jouait Jack Rowbotham, qui était pour ainsi dire le comique léger, et il était en compagnie de Maggie Paramour, la soubrette, tout comme ma mère l'avait été, et ils se tenaient dans les bras l'un de l'autre et échangeaient des baisers là, au beau milieu de la scène. Et puis voilà qu'on frappe quelque part en coulisse et Maggie court se cacher, et qui s'amène sinon Robbie Partridge avec une casquette de facteur et un colis et il dit: « M. Throstlewhistle? » Et puis: « Signez ici, s'il vous plaît. » Ce petit jeu se répète pour trois colis, mais la dernière fois il entre sans frapper et surprend Maggie et Jack Rowbotham dans leurs ébats. Il dit: « C'est ma femme », et les deux autres se lancent dans le sanglotant et bien connu on s'aime, on peut pas vivre l'un sans l'autre. Alors Robbie sort son registre et son crayon et dit : « Signez, s'il vous plaît. » Noir complet. Et puis Maggie rentre faire son numéro, vêtue comme elle l'était pour le sketch mais cette fois sans jupe.

Cette Maggie avait le nez en pied de marmite et un commencement de double menton, mais elle possédait des jambes vraiment ravissantes, la petite garce, il faut bien le dire. Elles étaient très longues et on les voyait jusqu'à son postérieur gainées de simples bas de soie noire dont la couture était absolument droite d'un bout à l'autre. C'était des très belles jambes, et elle ne les méritait pas vraiment. Elles étaient comme les jambes que l'on voit beaucoup plus souvent depuis la guerre, des jambes qui se sont allongées du fait d'une meilleure alimentation ou du Plan Marshall ou que sais-je. Mon papa lui jouait sa chanson, mais pendant qu'elle faisait son numéro je ne pouvais m'empêcher de remarquer qu'il ne cessait de regarder ces jambes avec une espèce de profonde nostalgie, c'était tout juste s'il pouvait en détacher les yeux, et j'aurais dû très tôt sentir les ennuis qui s'annonçaient mais je n'en fis rien. Il n'y avait pas un seul célibataire, pas un seul homme marié non plus, dont les yeux ne fussent fixés sur ces jambes dans toute la salle, mais mon papa était plutôt en évidence à l'avant-scène avec son piano, et bon nombre de ceux qui regardaient pouvaient en même temps le voir regarder lui aussi, comme hypnotisé. Maggie était mariée à Ray Morgan, une espèce de bonhomme crasseux d'allure avec un tas de cheveux noirs qui jouait du violon, mais pas pour l'ouverture en même temps que le piano et la batterie, Monsieur était au-dessus de ça, et se faisait appeler le Grand Romano.

Bref, Maggie Paramour, qui était en fait née Maggie Bamber, avait un numéro de soubrette coquine avec un rien de danse pour faire voir ses gambettes et les paroles étaient à peu près les suivantes :

Hou là là
Je souis eune petite midinette
Tout le monde me veut
Faire la causette
Il faut voir comme
J'attire les hommes
Tous les meussieurs du Gay Paree
Quand je trottine sur les trottoirs
De la roue de la Paix

etc., tout ça avec cet affreux faux accent français. Et elle racontait comment un homme l'avait invitée à prendre un verre, qu'elle avait commandé un porto-flip et en avait avalé cinq coup sur coup, alors l'homme lui avait demandé vous buvez toujours des porto-flip et elle lui avait répondu oh non, seulement quand je dois prendre le train pour aller voir ma mère, il a fallu que je les boive vite parce que le train part dans cinq minutes. Puis elle reprenait sa chanson, un demi-couplet qu'elle terminait en s'écriant hou, j'ai une échelle à mon bas, et mon pauvre papa devait lui courir après avec un seau et un chiffon en disant oh, permettez-moi de monter à cette échelle, mademoiselle, je ferai vos vitres. Pauvre papa. Mais quand il lui zieutait si intensément les jambes, ça ne faisait pas partie du numéro, je le voyais bien, et je n'en ai plus douté par la suite.

Après ça il y avait Robbie Partridge et Rutland Wiltshire dans un dialogue comique. Comment vas-tu, Yau de Poêle ? Et toi, la Matelas ? Tu l'as dit, Bouffi. Mets-tu du fumier sur ta rhubarbe ? Ah oui, c'est drôle, nous, on y met du custard. Et, pour finir, ils arpentaient la scène en chantant une chanson que je ne trouvais pas aussi bête que la plupart des autres :

Nous deux, on est copains
Et si vous vous demandez pourquoi
Parce que c'est lui, parce que c'est moi
On était faits pour être copains

Quand je lui emprunte
C'est pas un prêt
Quand je lui donne
C'est pas un don
Car ce qui est à lui est à moi
Et vice versa

Dès qu'on s'est vus on a su
Qu'on était frangins et même plus
Lui et moi
De vrais siamois

Nous resterons amis
Quoi qu'il advienne
Mais s'il perdait la vie
Je donnerais la mienne
Si je perdais la vie
Il donnerait la sienne
C'est la seule amitié
Que je comprenne

Je n'ai jamais pu savoir qui avait écrit cette chanson, parce que tout ce qu'on donna à mon papa pour jouer fut un vieux fragment de manuscrit en lambeaux, mais Robbie disait qu'il avait acheté une liasse entière de chansons originales à un pauvre vieil ivrogne complètement foutu dans un pub. Le bougre avait été très bon autrefois et ne s'était jamais fait le nom qu'il méritait, Robbie avait eu le tout contre cinq shillings et un double whisky. Quoi qu'il en soit, ça faisait déjà une bonne moitié du programme et c'était ce fichu Romano qui venait ensuite, Ray Morgan en réalité, avec son violon. Il n'était pas costumé en pierrot pour ce numéro, il était vêtu d'un espèce de pantalon bleu très ample et d'une sorte de chemisier de soie avec un foulard rouge à la manière des gitans, quant à ce qu'il jouait, c'était les *Czardas* de Monti, très lentement d'abord, puis prestissimo, tandis qu'il braillait à l'adresse de mon papa, Plus vite ! Plus vite ! Un jour mon papa le prit au mot et alla si vite qu'il termina longtemps avant ce fichu Romano, et cela contribua aux ennuis qui se préparaient comme vous le verrez par la suite.

Venait ensuite un sketch dans lequel Robbie et Jack Rowbotham et Jimmy Latham, qu'on appelait un Danseur Excentrique, s'accroupissaient près de la rampe, et mon papa jouait comme qui dirait de la musique chinoise et le batteur Styx faisait cliqueter ses *Chinese blocks,* et les trois compères étaient censés être goûteurs du service des Tastethé d'une fabrique de thé, ils faisaient des pitreries, se gargarisaient et crachaient jusqu'à ce que Rutland Wiltshire entre en scène en disant :

— Allez, les gars, c'est la pause-café.

Le moment était venu pour la soprano solo, numéro exécuté par la femme de Robbie qui pesait plus de cent kilos et dont le vrai nom était Marjory mais qui se faisait appeler professionnellement Mme Estrella de La Roche. Elle chantait un morceau que j'ai toujours aimé quand on l'interprétait convenablement, c'est-à-dire avec une certaine décontraction, c'était *Danser au plafond,* de Rodgers et Hart, sauf qu'elle l'interprétait d'une manière un peu trop solennelle comme un extrait d'opéra classique. Mais la chanson se développait jusqu'à donner ce qu'ils appelaient un numéro avec toute la troupe, Jimmy Latham et sa danse excentrique, la batterie, le piano et même le violon joué par un Grand Romano fort dédaigneux, et toute la compagnie exécutait une espèce d'harmonique que mon père avait arrangé, à bouche fermée. Et puis l'idée de la danse débouchait sur *Je danse avec les larmes aux yeux* par Jack Rowbotham, puis un numéro de Jimmy Latham basé sur le fait que danse rime avec France, ce qui fournissait à Maggie Paramour l'occasion de montrer ses gambettes dans un cancan et puis toute la troupe exécutait *Danse, danse, danse, petite madame* avec Rutland Wiltshire en vedette, et c'était là-dessus que le rideau tombait pour l'entracte.

Ce résumé comme qui dirait devrait donner à la Jeune Génération une idée de ce qu'étaient nos vieux numéros de caf'conc'. Pour la deuxième partie la troupe revêtait sa tenue de soirée, certains en queue-de-pie et certains en smoking, mon papa dans le plus sombre des pantalons ordinaires qu'il possédait et avec une veste noire un peu ample que Robbie lui avait prêtée, et les deux dames en organdi tout froufrouteux, la jupe de Maggie étant fendue jusqu'aux fesses pour permettre aux gambettes une liberté d'action satisfaisante. Le premier tableau était une espèce de salle de bal très huppée avec Jimmy Latham en queue-de-pie, très grand et très élégant, et Maggie Paramour tout en froufrous et avec des bas de soie couleur argent mat et des aperçus sur sa culotte de dentelle. Avant tout ils chantaient un duo qui disait comme ça :

Avec vous
Je pourrais
Faire à peu près tout
Bâtir la tour Eiffel
Ou la muraille de Chine
Conduire une locomotive
A plus de mille à l'heure
Enfin presque
Si seulement vous me disiez oui

Et puis ils dansaient, et lorsque Jimmy Latham guidait Maggie jusqu'au bord de la coulisse elle semblait disparaître un instant puis réapparaître, mais c'était Robbie qui portait la même robe qu'elle et s'était maquillé et coiffé de la même perruque qu'elle. Alors ça devenait drôle, Jimmy lui mettait la main sur les nichons et se faisait rembarrer et puis Robbie perdait sa culotte et pour finir son soutien-gorge claquait et l'on voyait sa poitrine velue. Ensuite il y avait un sketch avec Maggie et Marjory, ou Estrella de La Roche, dans lequel Marjory disait : « Qu'est-ce que tu penses de Jack Rowbotham ? » Maggie répondait : « Il est insupportable, il vous déshabille des yeux. » Alors Jack entrait en scène avec les mains sur les yeux en criant : « J'ose pas regarder, j'ose pas », et lorsqu'il trébuchait sur quelque chose il ôtait ses mains pour voir où il était, et puis il regardait Maggie et sa robe tombait, et elle se trouvait là dans ses sous-vêtements, avec ses jambes dans toute leur gloire, et puis c'était le noir.

Après cela Rutland Wiltshire chantait *Là-haut dans le grenier loin du bruit quelqu'un joue d'un vieux violon,* et bien sûr on avait Romano en vieux violoneux flapi interprétant le *Menuet en sol* de Beethoven, et puis c'était le grand solo de Jimmy Latham, très gros boulot pour mon papa au piano, fallait changer de tempo tout le temps. C'était construit autour d'une chanson sur la danse dans le monde entier :

Tout le monde a deux ripatons
Les Français, les Suisses et les Saxons
Les Bataves
Et les Scandinaves
Et tous les autres
Comme nous autres
Mais regardez ma démonstration
Je vous montre ce qu'on peut faire
Quand on possède deux ripatons

Alors il dansait de différentes manières, accroupi à la russe et tout, et il faisait même un morceau comme s'il avait une jambe de bois. Après ça c'était au tour de Robbie et Jack Rowbotham en clochards cherchant des mégots et inventant à mesure des chansons avec des titres comme *J'aime pas les grosses nanas parce que je peux pas les prendre sur les genoux, elles roulent* ou *T'as travaillé toute ta vie pour moi, maman, y s'rait temps que t'ailles travailler pour toi maintenant.* Ou encore *Elle était aussi pure que la neige, alors bien sûr j'ai glissé et on a trébuché.* Et puis ils interprétaient un duo comme quoi ils étaient *les Rois de la cloche:*

Le sketch suivant était un vieux classique interprété par Jimmy Latham et Maggie Paramour, un couple à la table du petit déjeuner, le mari demande où est la confiture et elle répond j'ai oublié d'en acheter chéri et il demande où est le *Daily Mail* et elle répond j'ai oublié de passer payer le marchand de journaux chéri, alors il dit qu'il n'oublie jamais rien, et à la fin des fins il se lève de la table derrière laquelle il était assis en disant bon, faut qu'j'aille au boulot mais pense un peu à la chance que t'as eue d'épouser un homme qui n'oublie jamais rien. Et on le voit s'en aller et bien sûr il a oublié de mettre son pantalon. Noir. Or ce qui ressemblait à la table du petit déjeuner dans ce sketch était en fait le xylophone de Styx avec une planche et une nappe dessus. Styx lui-même les retirait quand les lumières se rallumaient, et l'instrument apparaissait dans toute sa gloire et il interprétait deux morceaux — *Étincelles* et puis *Sur la voie,* il se servait de quatre maillets pour ce second morceau —, mon papa faisant des oum-pa-pa sur le piano.

Après c'était de nouveau Maggie, et elle chantait une chanson extraite de la liasse à cinq shillings du pauvre diable que Robbie avait rencontré dans un pub. Elle était vêtue très sévèrement, portant chignon, lunettes et jupe longue, comme une institutrice, et elle chantait ce couplet:

Aujourd'hui les scientifiques
Nous disent que tout s'explique

Sur la terre comme dans les cieux
Puisqu'ils sont si astucieux
Qu'ils me livrent la clé pour
L'phénomène appelé amour

Elle accrochait un peu sur ce phénomène, évidemment, mais passons. Puis le tempo changeait, mon papa jouait huit mesures très jazz pendant qu'elle ôtait ses lunettes, secouait sa crinière et arrachait sa jupe comme vous pouviez vous y attendre. Et puis elle dansait en chantant les paroles suivantes :

J'comprends l'printemps
C'est pas l'automne qui m'étonne
Mais j'comprendrai jamais
Pourquoi on est ensemble

Les oiseaux chantent, je le comprends
Y a une raison, c'est évident
Mais j'comprendrai jamais
Pourquoi on niche ensemble

La raison s'est révoltée
Mieux valait filer s'cacher
Mais mon cœur est allé trop vite
J'ai pas pu prendre la fuite

Si rien n'est inexplicable
J'me demande pourquoi diable
J'comprendrai jamais
Pourquoi on est ensemble

Or pendant la partie dansée, son mari intervenait

avec son sacré violon et faisait un petit morceau dans le style Hot Club de France, syncopé et tout, pendant que Styx y allait sur la batterie. Après ça venait un très long sketch pour toute la troupe, on était censé être dans une agence théâtrale, et chacun son tour interprétait un truc qui était censé être mauvais, Marjory chantait *Pâles mains que j'aimais,* Romano était Paganini et pour finir tout le monde se faisait descendre par l'agent, interprété par Robbie, armé d'une mitraillette-jouet qu'il avait tenue cachée sous le xylophone, pendant que Styx faisait ta-ta-ta-ta-ta à la batterie. Et puis Robbie essayait de chanter, trouvait ça mauvais et se suicidait, et tout le monde était mort en scène à l'exception de Styx et de mon papa. Alors Styx et mon papa s'entre-tuaient avec un pistolet à eau et c'était fini. Et puis tout le monde revenait à la vie comme dans le guignol de mon enfance et ils interprétaient le couplet final :

On a blagué
On a chanté
Et on a un peu dansé
Maintenant on va rentrer se coucher
Avec nos poules au poulailler
Comme des coquelets bien sages
En chantant comme il est d'usage
Cocorico
Cocorico
Cocorico
Rico rico
Ricoooooooooooo

C'était pas si mauvais que ça dans le fond. C'était

censé tenir tout l'été, matinées et soirées, relâche le dimanche, mais mon papa n'en fit plus partie longtemps avant le 15 août.

Quand je vis Maggie Paramour pour la première fois, avec ses jambes, je retournai droit à notre piaule, m'enfermai dans ma petite chambre et me regardai une bonne fois dans le vieux miroir fendu, dont je dus me tenir assez loin pour me voir tout entière. Sans vêtements, c'est-à-dire. Ce n'était pas trop mal, jolis nichons bien fermes avec la pointe dressée en l'air, jolie peau bien lisse sans un bouton, une rougeur ni une tache de naissance, et puis mes jambes à moi, qui étaient aussi bien que les siennes et pas tellement plus courtes d'ailleurs. Elles sont toujours aussi belles, je dirais, vieille comme je suis.

Sept

Le caffy où je travaillais ouvrait à dix heures du matin pour le Café du Matin, qui n'était pas ce que les Français accepteraient d'appeler du café, car il était à base d'essence de café Camp très léger, mais c'est comme ça qu'on aimait le café à Blackpool, l'idée étant que si l'on voulait de la force on la trouvait dans une Bonne Petite Tasse de Thé. On commençait à servir le déjeuner à midi trente, et c'était moi qui rédigeais les menus pour les dix tables que nous avions. Il n'y avait pas beaucoup de choix, voici un menu caractéristique :

SOUPE
MORUE ET FRITES
ROSBIF, CHOUX, POMMES DE TERRE À L'EAU
PUDDING AU RAISIN ET CUSTARD
THÉ OU CAFÉ
SODAS

Il n'y avait que Mr Hargreaves et moi pour faire le service, mais les clients n'avaient pas beaucoup à réfléchir pour passer commande, et Mrs Hargreaves tenait tout déjà cuit dans la cuisine et prêt à être réchauffé, pas très sain, non, mais c'était comme ça. Nous finissions le service du déjeuner tout juste après deux heures, nous prenions alors notre propre repas, et puis le thé était servi de quatre à six heures trente, c'était évidemment le *high tea*, véritable repas du soir – une Bonne Petite Assiette de Tartines Beurrées, beignet de poisson et frites, rosbif froid ou jambon et salade, salade de fruits ou rhubarbe et custard, et bien sûr une Bonne Petite Théière. Seuls les gens huppés allaient dîner au Grand Hôtel ou à l'Impérial, mais moi je trouvais que c'était une perte de temps, le dîner occupait une trop grande partie de la soirée avec tous les délices de Blackpool qui nous attendaient à l'extérieur. J'ai oublié de signaler que la Soupe qui figurait en haut du menu était de la soupe sans plus, les petits restes de viande et de légumes plus ou moins mis à bouillir ensemble, alors que la Soupe dans les hôtels huppés était une tout autre affaire, potage ou consommé, Julienne, Queue de tortue et compagnie. Quoi qu'il en soit, quand j'avais terminé mon propre repas du soir au caffy, j'avais tout le reste de la soirée pour moi, et pas mal d'argent de poche en plus, vous savez, avec les pourboires. Mais bien sûr les candidats étaient nombreux pour me sortir, des garçons sérieux je veux dire, pas les ricaneurs du caffy qui voulaient prouver leur Virilité en essayant de me draguer. Il y avait un garçon, Jim Birkenshaw, qui venait d'habitude pour le déjeuner, et qui travaillait en fait à Blackpool chez un imprimeur du nom de Grigson qui avait beaucoup de boulot, comme on pouvait s'y attendre dans un endroit tel que Blackpool, plein d'affiches, de prospectus et tout ça. Jim était un gentil garçon sérieux et pas laid non plus ma foi et qui savait s'habiller. Son orthographe était très bonne, comme il se doit quand on travaille pour un imprimeur, et la première fois qu'il engagea la conversation avec moi ce fut pour m'indiquer gentiment, discrètement et d'un air d'excuse, que j'avais écrit choux avec un *x* sur le menu, alors qu'on n'en servait sûrement pas plusieurs par personne, ce qui est quand même un peu paradoxal quand on pense que la première chanson que m'avait écrite mon papa et dont je me rappelais fort bien l'air était *Face de chou*.

C'est maintenant qu'il faut que je précise avant d'aller plus loin que je ne voyais pas tellement mon papa à ce moment-là, sinon de loin quand j'allais sur la jetée où il jouait ou répétait. En coulisse il était plus ou moins toujours à se disputer avec quelqu'un, en général le Grand Romano, parce qu'il était allé trop vite ou trop lentement ou avait joué trop fort, et il prenait son déjeuner dans un pub, un petit pain fourré d'une saucisse et une pinte, et son repas du soir en général avec d'autres membres de la troupe dans le caffy de la jetée centrale, qui consentait des tarifs spéciaux aux artistes qui travaillaient en ville. Au début nous prenions notre petit déjeuner ensemble à la piaule, c'était compris dans le loyer mensuel, les autres locataires étaient surtout des voyageurs de commerce, et papa en eut marre des conversations sur les nouvelles gammes de corsets pendant qu'il mangeait ses œufs au lard, et il renonça donc au petit déjeuner pour avaler une ou deux bouteilles de Bass dans sa chambre. Il avait une mine épouvantable le matin, très sombre et pas rasé en plus.

Quoi qu'il en soit, Jimmy me sortait et m'offrit

quelques bonnes soirées. Nous allâmes au cinéma Tower pour voir *la Mélodie de Broadway*, avec Anita Page et Bessie Love, plus de fois que je n'en puis compter. C'était un truc vachement à la mode à l'époque, évidemment, mais maintenant ça paraît terriblement désuet et les filles nous semblent très boulottes. Au milieu du film il y avait les Noces de la Poupée Peinte en couleurs, des couleurs affreuses je suppose mais ça n'avait pas d'importance puisque tout ça, c'était censé être des poupées et donc d'une couleur pas naturelle du tout. Nous chantions tous *Tu étais faite pour moi (You Were Meant for Me)* en ce temps-là, et puis :

Ne viens pas faire la grimace
A Broadway
Faut faire le clown
A Broadway
Car les soucis n'ont pas leur place
A Broadway où il faut sourire sans cesse

Il m'emmena aussi danser au dancing de la Tour. Il ne dansait pas bien étant un garçon, mais moi je pouvais tout danser sans avoir jamais pris de leçons, comme la plupart des filles. Avec d'autres filles à l'école on avait l'habitude d'essayer des pas pendant les récrés et c'est comme ça que j'ai appris probablement. On était allés au Zoo et sur la Balançoire Géante, et ce fut dans le Tunnel d'Amour qu'il m'entoura pour la première fois de son bras, ne l'ayant pas fait même au dernier rang du cinéma de la Tour. Après, bien sûr, il fallait qu'il m'embrasse, et son haleine était chouette et très douce vraiment, alors qu'il avait mangé des saucisses pour son thé avec de la Lea and Perrin's (il prenait son repas du soir avec sa mère, et nous avions l'habitude de comparer ce que nous avions mangé l'un et l'autre, ça nous faisait comme qui dirait une entrée en matière pour la conversation de la soirée). Mais j'imagine que les femmes sont bizarres et j'étais une femme malgré mes treize ans et demi, il me plaisait moins comme ça que quand c'était seulement un copain. Je n'avais pas envie de son haleine chaude sur moi, je voulais seulement qu'on soit amis. Alors ce soir-là quand il me raccompagna à la porte du meublé, après un souper de *fish and chips* à la friterie du coin, et qu'il essaya de m'embrasser pour me dire au revoir, pour la première fois, il fallut bien que je détourne mon visage, ce fut plus fort que moi, il demanda :

— J'ai fait quelque chose que j'aurais pas dû dans le tunnel, alors ?

— Oh, je t'en veux pas d'avoir essayé. Faut bien que tout le monde tente sa chance, non ?

— Mais c'est quand je le fais, moi, que t'aimes pas ?

— Eh ben, c'est comme qui dirait notre, enfin, tu sais bien (je voulais dire relation mais bien peu de gens connaissaient le mot à l'époque), enfin quoi, t'es gentil garçon, et je t'aime bien, mais pas de cette façon.

— Pas de quelle façon ?

— A s'embrasser et se faire des câlins et je ne sais quoi.

— Ah bon.

Il semblait très abattu, comme sont les garçons quand ils viennent d'entendre ce genre de choses de la bouche d'une fille. Puis il dit :

— Tu veux dire jamais ? Plus jamais, c'est ça que tu veux dire ?

— Ça prend du temps, ce genre de choses.

— Pas trop tout de même, j'espère, dit-il et ce ton culotté ne fut pas de mon goût, les garçons finissant par l'adopter tôt ou tard dans quelque relation que ce soit.

— Alors à la même heure et au même endroit demain?

— Non, dis-je, je regrette. Faut que je me lave les cheveux.

— Ce n'est pas le soir Amami, dit-il sans aucun humour.

C'était vrai. Le lendemain était un jeudi et toutes les réclames pour Amami disaient que le vendredi soir était le soir Amami. Et d'ailleurs je n'avais pas songé à me laver les cheveux jusqu'à la minute où j'avais dit que j'allais le faire.

— Tu sors avec quelqu'un d'autre, c'est ça?

— Non, dis-je en toute vérité.

Car j'allais sortir avec un autre garçon le samedi, son nom m'échappe, et il y en avait un autre, un Irlandais qui s'appelait Dempsey comme le boxeur, que je voyais après la messe le dimanche (mon papa avait cessé d'aller à la messe, à propos, très mauvais signe) et parfois nous nous promenions et parfois il disait si nous nous promenions ce soir, et ça ne m'aurait pas dérangée de faire un petit câlin avec lui, mais il n'en avait que pour son papa, et la haine de son papa pour les Anglais, et en y repensant je ne vois pas pourquoi je le supportais, mais il était donc vrai que je n'étais retenue ni pour jeudi ni pour vendredi. Prise d'un peu de pitié pour Jim, je dis:

— Alors vendredi?

— Non, dit-il, faut que j'aille avec ma mère à Clevelys voir mon oncle et ma tata. Samedi alors?

— Samedi je peux pas, dis-je, souhaitant en rester là.

Je savais qu'il viendrait déjeuner tous les jours et donc qu'il n'allait pas disparaître comme ça de ma vie. D'ailleurs s'il l'avait voulu, pourquoi pas, ça m'était égal, mais les filles n'aiment jamais qu'on leur fasse ce coup-là, c'est comme qui dirait le signe qu'on manque de pouvoir. Bien des gens trouveront ridicule qu'une fille de treize ans, et même si elle en paraissait dix-sept, pense de cette façon, mais on ne peut aller contre la nature, et c'est seulement parce que les Vieux dirigent le monde qu'ils veulent faire croire aux Jeunes qu'on ne connaît rien de la vie avant d'être Vieux.

— Et lundi, alors ? dis-je.

Et je songeai, bah, s'il a vraiment envie d'un baiser, voire de me tripoter un peu, y a pas de mal à ça. Et puis je songeai, si, y a beaucoup de mal à ça, parce que les relations ne seraient plus les mêmes. Difficulté des Relations entre les Deux Sexes.

— Bon ben, d'accord pour lundi, dit-il.

Et puis il se pencha en avant et me posa sur le front comme une manière de tout petit bisou qui faillit bien me faire pleurer, que la Vie soit si atroce et en même temps Belle. Et puis il rentra chez lui rejoindre sa mère, qui devait l'attendre, le pauvre garçon.

Alors bon, je me suis bel et bien lavé la tête le lendemain soir, et pas avec de l'Amami mais avec du Solar Satin — laissera vos cheveux souples et lumineux — et puis j'ai eu des ennuis. Le bonhomme qui dirigeait le meublé était quand même une espèce de sale individu assez paresseux dont c'était la femme qui était en fait propriétaire de l'établissement, elle l'avait reçu par testament de son père, et lui il n'avait qu'à faire de la présence en jouant les responsables. Il était très brun avec quelque chose d'un peu métèque, dans les trente-huit ans je dirais, et il s'appelait Mr Flushing, ce qui en anglais signifie M. Chasse-d'Eau et avait dû lui valoir pas mal de blagues de chiottes tout au long de sa vie. D'un autre côté, je dois reconnaître que je n'entendis jamais personne le plaisanter sur son nom, pas même sa redoutable épouse, comme si tout le monde avait su que c'était usé depuis longtemps, raison pour laquelle, quand on y réfléchit, personne ne s'avisa peut-être jamais de commencer, sauf quand même à l'école où on n'hésite devant rien. Et encore, j'avais une condisciple aux Martyrs anglais qui s'appelait Nora Fasson et jamais je n'ai entendu un enseignant lui dire en voilà des façons, Nora. C'est un truc important, le nom qu'on porte, et il existe peut-être chez les personnes un instinct qui leur dit de laisser les noms tranquilles, bref, Flushing avait l'Œil Baladeur mais je n'avais jamais cru qu'il le baladerait un jour sur moi. Il connaissait mon âge, papa le lui avait appris le premier jour, peut-être était-il rapide à détecter l'œil baladeur et avait-il voulu le décourager d'emblée. Mais il y a des hommes que rien ne décourage et il y en a certains à qui révéler qu'une fille qui paraît dix-sept ans en a seulement treize en réalité revient, comme disait Mme Perpignan, à mettre de la cantharide dans leur Pernod. Pendant que j'y suis, les directrices des écoles secondaires débitent des tas d'inepties, quand elles essayent d'obtenir que les filles en pleine croissance ne soient pas attirantes pour les hommes en leur faisant porter des blouses et des bas noirs, alors que la plupart des strip-teases de Soho et des autres établissements du même genre font porter à leurs effeuilleuses précisément ce genre de tenue d'écolière pour commencer leur numéro.

Quoi qu'il en soit, voici ce qui arriva. La salle de bains était juste en face de ma chambre et je m'y lavai les cheveux dans le lavabo vêtue de ma seule combinaison. Je sortis de la salle de bains presque aveugle, vous savez, avec l'eau dans les yeux et les cheveux aussi et la serviette dont je les frottais, et Mr Flushing était là qui m'attendait, le rusé cochon. Il dit :

– Ha. Je croyais que le soir Amami, c'était le vendredi.

Et puis il m'attrapa, ou plutôt voulut m'attraper. J'entrai dans ma chambre et tentai de lui fermer la porte au nez mais il fut trop rapide. L'instant suivant il était dans la chambre et me saisit en disant :

– Hum, comme ils sentent bon, ces jolis cheveux tout propres.

Et il se mit à les renifler partout comme un chien et puis à m'embrasser la nuque et puis bon Dieu, voici qu'il fit glisser ma combinaison sur mes épaules et se mit à m'embrasser le dos.

– J'en avais envie, dit-il dans une espèce de halètement, depuis que je...

Et là, bon Dieu, il me coucha sur le lit et se mit à m'embrasser très fort et tout brûlant sur la bouche et sa main droite était sur mon Sein Gauche et traçait comme qui dirait un cercle avec la paume par-dessus le Téton. Je hurlai quand je le pus :

– Arrêtez, espèce de dégueulasse. Je vais hurler, espèce de sale cochon.

Et j'essayais bien de le faire mais alors il appliqua sa grosse bouche brûlante sur la mienne de nouveau et tous les sons que je pus produire furent *Ilffy Hig Hop If.*

— Pas la peine de gueuler, dit-il en haletant. Ma bonne femme est partie à Bispham voir sa sœur. Et tous les autres sont occupés ici ou là. On est tous les deux tout seuls, ma petite chérie, alors laisse-toi faire et essaye d'en profiter.

Mais je me mis à le marteler de coups de poing, puis, voyant que cela ne lui faisait ni chaud ni froid, à le griffer. Seulement il était très costaud, ce Flushing, et il se contenta comme qui dirait de rassembler mes petites mains dans sa grosse patte gauche et de les immobiliser tandis qu'il glissait sa main droite sous ma combinaison, sa bouche collée sur ma bouche, et moi je croisai les jambes très farouchement et il ne pouvait rien espérer de ce côté-là. Alors il me dit très grossièrement si vous voulez mon avis :

— Je ne veux pas te la mettre, ma chérie, je ne veux que tes lèvres et tes délicieux petits nénés, je t'aime, je t'aime.

Je t'aime étant ce que cette catégorie d'individus dit toujours quand ceux qui y appartiennent sont à la recherche d'un petit coup vite fait, comme disent les militaires dans leur langage grossier. L'ennui, c'est que parfois ça ne vaut pas le coup de se battre, autant céder, surtout quand ce qu'on vous fait n'est pas si désagréable que ça. Il faut bien dire que ce Flushing avait une haleine fraîche et agréable, c'était très surprenant, mais il avait probablement sucé des trucs pour ça, en prévision de cette espèce d'Assaut, et ses baisers étaient un peu violents mais excitants à leur manière, alors je me contentai de me laisser aller pour qu'il poursuive. Je n'eus pas le temps de dire ouf qu'il avait déjà sa bouche là où vous pensez, et que je te lape et que je te lèche et que je te fais des miam-miam et puis des pteuh pteuh et ça c'était quand il recrachait un poil par-ci, par-là, et puis je me mis à Jouir, alors que je n'en avais pas vraiment envie mais je pouvais pas m'en empêcher.

Or ce qu'il y a de bizarre, c'est que pendant que je Jouissais mon cerveau était très clair et aiguisé et comme très haut au-dessus de toutes ces galipettes d'en bas. Et ce que mon cerveau disait, c'était un truc dans ce genre-là : non, jamais être comme qui dirait la chose qu'un homme utilise seulement pour son plaisir et puis quand c'est fini y dit seulement merci chérie à bientôt et y se taille en sifflotant. S'ils en ont envie, qu'ils payent et pas qu'un peu pour l'avoir. Et en même temps obliger ces bougres à apprendre de quoi il s'agit. Le Corps Féminin est pas une tranche de foie qu'on achète chez le boucher. C'est pas seulement une forme agréable avec un trou dedans. C'est plutôt comme un instrument de musique fait de chair et de sang qui a la musique qui attend à l'intérieur mais seulement pour les mains bien éduquées qui sauront l'en faire sortir. Qu'ils apprennent, les salopards.

Bah, ce que ce salopard de Flushing faisait, lui, pendant qu'il lapait, c'est qu'il Jouissait lui-même dans sa culotte, je le voyais bien à la manière qu'il avait de monter et de descendre à un rythme de plus en plus rapide qui faisait grincer le lit, tandis qu'il avait une main sur chacun de mes Seins. Puis il jouit tout de bon, ce que je sus parce qu'il fit aaaaah et se tortilla un peu, et puis tout fut fini comme s'il se fût agi d'un simple éternuement, et il ôta ses mains comme s'il les avait mises où elles avaient été comme qui dirait dans un simple Accès d'Étourderie, et voici qu'il se mit à me regarder avec une espèce de gêne ricanante et pourtant une manière de triomphe et moi je le regardai fulminant en silence. Je voyais l'humidité qui commençait à transpercer sa braguette, son pantalon étant de légère flanelle grise, et j'en fus proprement dégoûtée. Je dis :

— Je vais pas le dire à mon père, ça n'en vaut pas la peine, vous diriez seulement que je vous ai allumé ou je ne sais quel autre mensonge dégueulasse.

— Non, dit-il, honnêtement, je ne dirai pas ça à moins d'y être forcé. Faut être juste, chérie, tout bien pesé. C'était chouette, et ça, à propos, que c'était chouette, tu dois le reconnaître.

— On était comme des bêtes, dis-je, et, sans comprendre vraiment pourquoi je le disais ou ce que cela voulait dire, il devrait exister une clé. Que seuls les joueurs convenables devraient savoir où elle est.

— Hein ?

— Vous êtes un rien idiot, dis-je, je m'en rends compte. Pas la peine de vous parler, n'est-ce pas ? Mais je vais vous dire une bonne chose, la prochaine fois que vous essaierez un truc comme ça, j'aurai recours à la violence.

— Oh, ça va, chérie, laisse tomber et ça ne me plaît pas trop que t'ailles raconter que je suis idiot. T'es jamais qu'une gamine, tout bien pesé. Pour qui tu te prends d'aller raconter que moi qui suis assez vieux pour être ton père, je suis idiot ?

Puis il ajouta :

— Et qu'est-ce que tu veux dire, Violence ?

— Un couteau, dis-je, ou quelque chose comme ça. J'y ai pas encore réfléchi. Mais je veux pas que les gens me sautent dessus comme ça et se servent de moi.

— Vous êtes bien toutes les mêmes, dit-il. T'adores

ça sur le moment et puis après t'es toute innocence et vertu offensée et en plus ça te rend mauvaise.

Il avait cette espèce de ricanement triomphal sur la gueule en disant ça, le vrai chef qui s'est payé du bon temps avec une nénette et l'a fait Jouir et a Joui lui aussi même si c'était seulement dans son calebard. Il en avait eu pour son argent, un truc à se vanter. Une gamine sur le pieu, tu vois, rien qu'une gamine, mais avec des beaux gros nichons tout de même, et elle demandait que ça.

– Sortez, j'ai dit. C'est ma chambre tant que mon père la paiera.

– Ah, mais justement, c'est qu'il ne l'a pas payée, n'est-ce pas ? gouailla cet emmanché. Il me doit, tu le savais, non, je vois bien que tu le savais pas. Ce qu'il peut bien fabriquer avec l'argent qui m'appartient, c'est ce que j'aimerais savoir.

Je sentis mon cœur se serrer un peu quand il dit cela.

– Je m'en vais te le dire, moi, ce qu'il fait, poursuivit-il, avec encore ce petit ricanement, cette gouaille triomphale. Il le claque avec cette garce qu'a les jambes qui lui remontent jusqu'au derche. L'a emmenée bouffer dimanche dernier au Métropole. Mrs Hendrick les y a vus.

– Qui c'est, celle-là ?

– Celle qui ramasse les tickets à l'entrée de la jetée. Y se fera pincer, c'est moi qui te le dis. Il est pas question que l'autre violoneux vienne ici faire du foin, je te le dis tout net. Au premier truc comme ça ton père y prend la porte et toi avec. Aller faire le zouave avec une femme mariée, c'est très dangereux, ça, et puis c'est pas bien.

Je ne connaissais pas le mot Hypocrite à l'époque. Tout ce que je pus dire fut :

— Vous faites un joli salaud. Et puis vous pouvez parler, y a pas de doute. En plus c'est pas vrai, je vous crois pas. Mon père est pas si bête. Et mêlez-vous de ce qui vous regarde, c'est pas vos oignons.

— En v'là des façons de parler, dit-il avec une espèce de sourire grimaçant. L'autre, là, avec son violon, y s'doute de quelque chose, j'imagine, il a le sang chaud comme tous les violoneux. Seulement c'est ton père qui manie l'archet, et ça c'est pas bien, surtout qu'en plus y paye pas son logement.

— Tenez, dis-je, combien on vous doit?

Et j'allai chercher ma petite boîte que je serrais dans le premier tiroir de ma coiffeuse. J'y avais mon salaire et mes pourboires, mais je pensais que ça ne ferait pas assez. Il fallait néanmoins que je fasse la preuve de mes bonnes intentions. Il dit:

— Oh, faut être juste, c'est un prêté pour un rendu, voilà ce que je dis. Je lui ai donné une semaine pour régler ça et après on verra. On n'en dira pas plus pour le moment.

— Vous voulez dire, dis-je, que j'ai payé un morceau du loyer là, tout de suite? Ce qui fait de moi quelque chose que je voudrais pas me salir la bouche à l'dire ce que c'est. Tenez, dis-je, prenez ça.

Et je le lui jetai presque à la figure.

— Ton père paiera, dit-il, cette affaire avec sa garce de danseuse aux gambettes ne durera pas. Ça ne le mènera nulle part, moi je te le dis. Et le mari se le fera. Ce sera pas à mains nues, faut comprendre, parce qu'il faut qu'il prenne soin de ses doigts, mais y se le fera, j'en doute pas.

— Je vous crois pas, dit-je encore. Jamais mon père serait assez bête.

– Tu serais surprise de ce que les gens peuvent faire, dit-il, quand ils se croient à l'abri, c'est-à-dire.

Je lui adressai des hochements de tête très sinistres pour lui montrer qu'il faisait partie de cette catégorie lui-même.

– Le Grand Romanovsky ou je sais plus comment y se fait appeler se fait un petit extra le dimanche avec l'orchestre du Palm Court au Grand Hôtel pendant que le violoneux de l'établissement est en convalescence après son opération. Une hernie, à ce qu'on dit. Mais y découvrira le pot aux roses avant longtemps, moi je te le dis.

Puis il dit, très prétentieux et avec vachement d'aplomb et comme qui dirait insolent, si bien que j'en conclus que les réservoirs s'étaient remplis de nouveau :

– Si on remettait ça un petit coup, hein ? C'était chouette, franchement, et ça t'a plu à toi aussi, tu peux pas dire le contraire. Et je t'aime, je t'aime.

A ces mots il tendit les bras exactement comme Al Jolson dans *le Chanteur de jazz*. Je me mis à le frapper avec ma serviette humide et à le traiter de tous les noms les plus grossiers qui me passaient par la tête en hurlant. Alors il partit, mais souriant toujours de toutes ses dents, de sorte que je compris que je n'étais pas encore venue à bout de cet emmanché.

Huit

J'étais inquiète pour mon papa, comme on se l'imagine. Je fus près de partir aussitôt l'avertir en courant, et je me vis même me glissant derrière son piano et tournant la tête pour lui dire papa, papa, fais attention, papa, mais évidemment mes cheveux n'étaient pas encore bien secs et ils étaient totalement incoiffables comme ils le restaient généralement d'ailleurs plusieurs jours durant quand je les lavais. Aussi me contentai-je d'aller dans sa chambre, qui n'était pas fermée à clé, il n'avait rien à voler comme il disait toujours, m'asseoir sur la chaise branlante pour attendre. Je fulminais non seulement qu'il se fût comme qui dirait entiché d'une paire de gambettes, car dans le fond ce n'était rien d'autre, mais encore à propos de Flushing et de ce qu'il avait fait et que je l'avais laissé faire. Cela ne se reproduirait plus, c'était une chose dont j'étais sûre. A l'avenir cela n'arriverait que lorsque je voudrais que cela arrive, et quand cela arriverait l'homme saurait comme qui dirait la valeur de la chose. Et donc je demeurai là à attendre, comme qui dirait à ruminer. Puis je jetai un coup d'œil dans les tiroirs de papa, qui étaient pleins de choses qu'il n'avait pas encore pris la peine d'envoyer à la blanchisserie, et puis dans la penderie, et j'y vis le violon et l'archet dans l'étui qu'il avait chipés la fois dont j'ai parlé, et je me demandai pourquoi il ne les avait jamais revendus quand on avait été si fauchés.

Ce ne fut qu'après la fermeture des pubs, une demi-heure environ après la fin du spectacle, que papa rentra, et il fut un peu surpris de me trouver là assise à l'attendre, plus comme une épouse qu'une fille.

– Qu'est-ce qui se passe, fillette ? dit-il. Tout va bien ? T'as l'air bizarre, enfin, changée, quoi. Ah oui, t'as baigné ta glorieuse crinière.

Il tenait un certain nombre de ces expressions comme qui dirait fleuries de Robbie Partridge qui se présentait toujours comme un Grand Lecteur.

– Et ce sera d'ailleurs très joli quand ça va sécher.

Puis il s'assit sur le lit, un rien inquiet.

– Tout ne va pas bien, papa, dis-je. Et tu le sais aussi bien que moi. Tout le monde parle de toi et de Maggie Paramour, comme elle se fait appeler.

Ça lui flanqua tout de même un coup, comme on dit et comme vous pouvez vous en douter, et même je crois bien qu'il rougit un peu.

– Flushing, dis-je, est au courant, tu l'emmènes dans des restaurants chics et tu payes même pas notre loyer ici. Ça m'a fait honte.

– C'est pas tes oignons, fillette, dit-il, je suis assez grand pour savoir ce que je fais. Tu n'es encore qu'une petite fille qui ne comprend rien au monde.

Ah, tu crois ça, me dis-je à moi-même. Et à lui :

– C'est mes oignons si Flushing est désagréable avec moi parce que t'as pas payé le loyer. J'ai voulu y donner mes sous à moi mais alors y s'est mis à ricaner que tu claquais les tiens pour des petites garces comme Maggie Paramour.

— Ah, pasque c'est ça qu'il a dit, hein? Eh ben, il va m'entendre, le bougre, et pour deux raisons. J'ai donné les sous direct et sans histoires à Mrs Flushing avant de partir à la jetée et j'ai un reçu que j'y ai demandé. Alors il l'a où je pense jusque-là. Et deuxièmement, de quel droit lui ou quiconque viendrait tenir des propos diffaminatoires sur une pauv'fille qu'a besoin d'un rayon de soleil dans sa vie, mariée qu'elle est depuis dix années de malheur à ce salopard, pardonne-moi l'expression, de gratteur de boyaux de chat? Qu'est-ce que c'est que ces incinérations? J'y ai payé un nécessaire à maquillage pour son anniversaire et je l'ai sortie dîner un soir que son époux jouait du violon avec l'orchestre du Palm Court, et puis après — quel mal y a-t-il à ça?

— Va donc demander à Ray Morgan le mal qu'y a à ça, dis-je. Vas-y donc. Et pis, descends engueuler ce Flushing pour les remarques désagréables qu'y fait à ta fille.

— Je ferai c'qu'y a à faire, dit-il, et je supporterai pas ton insolence, ma fille. J'irai mon propre chemin, à tort ou à raison.

— A tort, t'as raison, dis-je, pleine d'esprit. Tu sais que si ça fait une histoire, et ça en fera une, y a pas deux possibilités, y a quelqu'un qui perdra son boulot et ça sera pas Ray Romano Morgan et son violon.

Mon père prit comme qui dirait une profonde inspiration et dit:

— Y a des choses qui sont plus fortes que vous. Y a des sentiments qu'on peut pas dominer.

— Tout ça pour dire, dis-je, que Maggie Morgan

comme c'est son vrai nom a deux très belles jambes très longues qui lui remontent jusqu'au derrière et qu't'en es pour ainsi dire fasciné comme un lapin par un serpent. Pourquoi tu te mets pas plutôt à faire une cour comme y faut, dis-je, dans l'idée de te remarier, parce que ça, ça ne me dérangerait pas, papa, franchement. Ce n'est pas bien pour un homme d'être privé de Compagnie Féminine, surtout à ton âge. Voilà, j'ai parlé sans détours, et si c'est un peu déplacé, je te demande pardon, mais j'ai mes droits, moi qui suis ta fille, rappelle-toi ça.

– Oui, peut-être bien que tu dis vrai, dit-il très las. Se casser le cul comme ça sans aucun espoir de résultat tangible... c'est la fascination, tu vois, que tu comprendras mieux quand tu seras plus grande. Comme dans l'opéra *Samson et Dalila*.

– C'est dans la Bible, dis-je.

– Non, fillette, c'est dans l'opéra, là, par cet emmanché de Français, si tu me passes l'expression, celui qu'a écrit *la Mort du cygne,* Saint Quéqu'chose, j'oublie toujours son nom. Chuis vanné, fillette, à ramasser à la petite cuiller, ça a été dur ce soir, tu sais avec Ray Morgan qu'a voulu ce truc de Paganini quand on l'a bissé et j'avais pas la partition, il a fallu que j'en truque des morceaux mais il aura ce qu'y mérite, ça lui pend au nez, c'est moi qui te le dis. Saint Sciant, voilà comment qu'il s'appelle, c'est pour ça qu't'as cru que c'était dans la Bible. Alors je te dis bonne nuit, fillette, et j'm'en vas retrouver mon lit douillet que j'suis déjà assis dessus de toute manière.

– Et t'iras engueuler Flushing demain matin?

– A quoi bon, mignonne, y savait pas, c'est tout, y ne pourrait que s'excuser et à quoi ça sert? Alors bonne nuit.

Je lui donnai un baiser sur la tête, juste au sommet, là où il devenait chauve. Et j'allai moi-même me coucher, prenant soin de fermer la porte à clé au cas où Mr Flushing la Paluche voulût remettre ça dans la nuit. Je n'avais pas entendu rentrer sa femme, peut-être passait-elle la nuit à Bispham. Puis je m'endormis mais ce ne fut pas facile. Mon intuition me disait que quelque chose de moche allait se passer. Je vis Flushing dans la rue le lendemain matin. Je partais pour le travail et lui, sa bourgeoise l'avait envoyé aux commissions. Il dit :

– Que le meilleur du matin soit pour vous, madame.

Et je marchai à sa rencontre pour lui dire :

– Bonjour, Mr Flushing, qu'avez-vous acheté de beau ?

J'étais tout sourire et gentillesse et il était tellement bête qu'il crut que tout allait bien entre nous, et il fit même des petits mouvements de baisers avec ses lèvres, le sale con.

– Deux douzaines d'œufs, dis-je en regardant dans son panier. Pour le petit déjeuner de demain, chic.

A cette époque on vendait les œufs dans des sacs en papier, pas dans des boîtes en plastique avec des trous exprès, de sorte que je n'eus aucun mal à prendre un sac d'une douzaine, dans son panier, et à les écraser sur le trottoir. C'était une belle journée chaude et ils auraient peut-être cuit si on les avait laissés là.

– Oh, faites donc attention, Mr Flushing, dis-je, faut pas renverser les choses comme ça.

Puis je poursuivis mon chemin et je l'entendis qui grondait et grinçait des dents derrière moi et j'entendis même une vieille sortant d'une boutique lui dire :

— Aïe, vous avez fait tomber tous vos œufs.

Je me tins soigneusement à l'écart de son chemin à partir de ce moment-là.

Ce qui arriva ensuite fut que le dimanche en huit je sortis le soir avec ce jeune Irlandais, Kevin Dempsey, une simple promenade au bord de la mer presque jusqu'à Clevelys et retour, et il n'arrêta pas de parler des torts faits par les Anglais aux Irlandais, si bien que je me dis cette fois-ci c'est la dernière, dommage, parce qu'il est mignon dans le genre rouquin, et je rentrai à la piaule où j'entendis la TSF beugler dans le salon privé de Flushing et de son épouse, et je montai à l'étage où se trouvait ma chambre. Voilà qu'en passant devant la chambre de mon père j'entendis des bruits et des murmures étouffés et des halètements et puis ce rire très aigu et comme qui dirait argentin qui était celui de Maggie Paramour, ça ne pouvait être qu'elle, je ne connaissais personne d'autre qui possédât un rire pareil, et je fis quelque chose d'audacieux mais je n'aurais pas pu faire autrement, parce que je fulminais que papa n'eût pas écouté ma mise en garde du tout, j'essayai la porte mais elle était fermée à clé, alors je me mis à la marteler et à la marteler de plus belle, et ils se turent à l'intérieur, puis il y eut un peu de murmures, puis je cognai de nouveau en criant :

— Qu'est-ce qui se passe là-dedans ?

Et alors mon papa ouvrit la porte.

Il n'avait pas l'air très faraud, dans sa chemise froissée et son pantalon dont les bretelles pendouillaient et en chaussettes, j'entrai et je vis Maggie assise sur le lit, et elle avait amené ses jambes gainées de soie argentée dans toute leur gloire. Elle était pas gênée pour un sou. Elle était impeccable dans son chandail turquoise et sa courte jupe noire, pas un poil qui rebiquait. Elle dit avec une espèce d'accent du Lancashire très commun, sans la moindre trace d'houlàlà, mamzelle dedans :

– Alors c'est ta petite fille ? Mais bien sûr, on s'est déjà rencontrées, pas vrai ? Comment vas-tu, ma chérie ?

– Je l'ai averti, dis-je, ça, il le sait. Ne l'encouragez pas, voilà ce que j'ai à vous dire.

– Mon Dieu, mon Dieu, mon Dieu, dit-elle en souriant de toutes ses dents, tu sais tout, alors, ma chérie ?

Et mon papa ne disait rien, il se mordait la lèvre et son regard allait d'elle à moi et de moi à elle, vraiment pas très faraud. Et ce fut elle qui dit alors :

– Dis donc, sois un gentil débile et va me chercher un paquet de Players dans un distributeur.

Et tirant un shilling de son sac elle le jeta sur le lit. Je dis :

– Comment que vous l'appelez, mon papa ?

– Oh, c'est une blague, débile rime avec Bill, non, et y s'appelle bien Bill, pas vrai ?

– Et toi t'es aux ordres, c'est ça ? dis-je à mon papa.

– Ça va, ma fille, dit-il, calme-toi, je vais chercher tes sèches au pub, lui dit-il à elle, c'est encore ouvert.

– Bois donc une pinte pendant qu't'y es, dit-elle, ta petite fille et moi faut qu'on mette comme qui dirait les pendules à l'heure. Entre filles : comme on dit.

Alors mon papa sortit en veston mais sans cravate puisqu'on était à Blackpool, la douceur de vivre, reine de la mer d'Irlande. Et Maggie me dit :

– Montre-toi un peu, fillette. Hum, mais c'est

qu'on est en train de devenir jolie, hein, ma chérie. Tu briseras le cœur de plus d'un homme avant d'être au bout du chemin. Vas-y, ma petite, brise, n'hésite pas, c'est chouette de les entendre craquer. Viens t'asseoir près de moi, je te mangerai pas.

Je m'assis et nous comparâmes nos jambes, quoi. Elle dit, comme je m'y attendais :

— Pas aussi longues que les miennes, mais tu n'as pas fini ta croissance. C'est ce que j'ai de mieux, moi, les jambes. Chacune doit avoir sa comme qui dirait spécialité. Moi, c'est les jambes. Certains hommes en sont mabouls, faut bien le dire.

— Mon père en est maboul, hein, c'est ça ? dis-je.

— Tout juste, et il adore ça. Ce qui est marrant, c'est que Ray, c'est mon bonhomme, tu sais, le Grand Romano, lui, s'est jamais beaucoup intéressé aux jambes. D'accord, qu'y m'a dit, dans les débuts de notre rencontre, des quilles pas mal pour marcher avec. Sans plus ? dis-je. Sans plus, qu'il a fait. Et tu sais ce qu'il a fait, hein, chérie ?

Elle leva sur moi ses grands yeux noirs et je secouai la tête pour lui montrer que j'ignorais ce qu'il avait fait. Alors elle m'agrippa la main et la posa sur son Sein, le gauche, très ferme, sans cesser de fixer sur moi ses grands yeux noirs.

— Voilà ce qu'il a fait, dit-elle, et ça lui a déclenché un halètement qu'on aurait dit qu'on tournait une clé de contact.

Elle ôta la main de son Sein mais elle continua de la tenir comme si elle prévoyait avoir besoin de s'en servir de nouveau d'ici une minute et dans quelque autre but pour ainsi dire et elle poursuivit :

— La plupart des hommes sont des pauvres types

qui ne veulent qu'une chose. Ils ne savent pas comment traiter une femme ni comment apprécier un corps de femme, aucun de ces bougres-là. Ils sont brutaux, avec ces grosses pattes chaudes et couvertes de corne qu'ils ont. Et moi je dis que seule une femme est capable d'apprécier une autre femme.

Je devins brûlante et glacée quand elle dit cela, j'avais entendu parler de choses de ce genre au vestiaire à l'école et il y avait un livre que j'avais toujours voulu lire mais qui était interdit, et qui s'appelait *le Puits de solitude*, mais je n'aurais jamais cru rencontrer cette chose dans la chambre de mon papa dans un meublé de Blackpool. Elle me regarda très droit dans les yeux et dit alors :

— Comprends-tu ce que je veux dire, ma chérie, vois-tu où j'essaye d'en venir ?

— Oui, je crois.

— Bien, comment t'appelles-tu, chérie, comment dois-je t'appeler ? Toi, appelle-moi Maggie, parce qu'on va être copines toutes les deux. Ellen, c'est ça ? Ben, c'est rigolo, j'ai eu une vraie copine qui s'appelait Ellen autrefois, n'importe quoi, qu'elle aurait fait pour moi. Tu peux les caresser si t'en as envie toi aussi, ma chérie.

C'était des jambes qu'elle parlait, Dieu nous vienne en aide, et voilà-t-il pas qu'elle s'allongea à la renverse sur le lit avec ses belles jambes longues dans leurs bas de soie argentée écartées sous la jupe retroussée, de sorte qu'on les voyait jusqu'à la limite, et elle portait cette très fraîche culotte française.

— Vas-y, dit-elle, plutôt excitée, n'aie pas peur. On leur fera voir, à ces bougres d'hommes, pas vrai, ma chérie, on leur fera voir qu'on peut se passer de leurs sacrées pattes chaudes et velues.

Et ce qu'elle me fit lui faire était ce que Flushing m'avait fait, sauf que je dus le faire à travers la soie de la culotte française pour commencer, jusqu'à ce qu'elle finisse par l'arracher plus ou moins, ce qui parut plutôt l'exciter, puis ce fut :

– Vas-y, chérie, vite, on n'a pas beaucoup de temps.

Ce qu'elle ne dit pas fut ferme la porte, et j'en conclus que le fait d'avoir peu de temps et la perspective de voir entrer quelqu'un qui nous prît sur le fait était ce qui ajoutait plutôt à son excitation. Ça ne me plaisait pas, ça ne me plaisait pas le moins du monde, ça me dégoûtait plutôt, mais il y avait un morceau de mon cerveau qui n'en comprenait pas moins l'idée, les hommes sont si brutaux et égoïstes dans l'affaire. Mais je dis :

– Papa va rentrer. Vaut mieux pas.

– Fais vite, chérie, et je jouirai aussitôt que je l'entendrai derrière la porte. Dépêche-toi, vite.

Ça ne me plaisait décidément pas du tout, c'était plutôt Immoral, mais je fis ce qu'elle me dit, poussée avant tout par la curiosité, et puis nous entendîmes un gros pas lourd monter l'escalier puis franchir le palier et elle poussa une espèce de hululement et fut tout entière parcourue d'un gros frisson et elle faillit bien m'étouffer en resserrant ses jambes autour de mon cou, ses jambes vigoureuses de danseuse, et puis elle me repoussa si bien que je faillis tomber sur le cul sur le plancher, et la voici assise bien droite en toute innocence et cherchant une cigarette dans son sac, me sembla-t-il, quand la porte s'ouvrit.

– T'en as mis un temps à trouver ces cibiches, dit-elle sans lever les yeux, et puis elle les leva et moi aussi et ce n'était pas mon papa qui était entré, c'était le Grand Romano, son époux, portant son étui à violon à la main et les yeux lançant des éclairs, l'autre main prête à frapper un quidam ou un autre. Elle dit :

— Ah, c'est toi ? Tout s'est bien passé ?

Il ne lui répondit pas, préféra se tourner vers moi, et d'un accent qui était plutôt du Yorkshire que du Lancashire, il dit :

— Qu'est-ce qu'elle t'a fait faire, la sale petite garce vicieuse ? Tu es la fille de Henshaw, c'est ça ? Allez, vide ton sac.

— On taillait une petite bavette, dis-je.

Et puis je dis ce qu'il ne fallait pas, je dis :

— Qui vous a dit de faire irruption comme ça dans la chambre à mon papa sans y être invité ?

— Ah oui, la chambre de ton papa, dit-il, je savais tout, bien sûr, mais je savais bien qu'il n'aboutirait à rien, le pauvre con, elle est bien trop salement égoïste, la sale petite garce vicieuse. Elle prend toujours mais elle donne rien.

— Arrête de m'insulter, dit-elle, j'en ai par-dessus la tête de tes insultes, sale égoïste que t'es toi-même. Allez, dehors, on t'a pas sonné.

Ce fut l'instant auquel mon père entra, brandissant le paquet de Players qu'il venait d'acheter, il arrivait juste à temps pour voir le Grand Romano déposer très soigneusement son étui à violon sur l'unique chaise et marcher sur sa femme comme pour l'étrangler en hurlant :

— Sale garce vicieuse et contre nature, t'enseignes tes vices dégoûtants à des jeunes filles innocentes.

Maggie se mit à lui balancer des coups de son sac à main, elle était debout désormais, bien sûr, et j'ignorais s'il convenait que je prisse parti, et demeurai donc spectatrice. Puis quand mon papa vit le Grand Romano retourner à Maggie une tarte du revers de la main bien cinglante, il se jeta à l'eau à son tour et alpagua le Grand Romano au colbac. Mais je vis bien que tous deux faisaient bien attention de ne pas se faire de mal aux mains, pas par lâcheté, mais à cause de leur Art, et puis bien sûr Mr et Mrs Flushing s'amenèrent dans l'escalier et en une minute la petite chambre fut vraiment pleine de monde. Rouge comme une tomate, Mrs Flushing s'écria d'une voix tonitruante :

– Allez, allez, ça suffit, arrêtez !

Ce qu'ils firent. Puis elle s'adressa au Grand Romano :

– Je vous connais, vous, vous êtes le violoniste, comment êtes-vous entré dans cette maison, personne vous y a invité, c'est de la violation de domicile, de l'effraction.

– La porte d'entrée était grande ouverte, dit-il, et la sonnette est cassée. Et je suis venu ici chercher mon épouse, ce qui est légal. Et je savais que mon épouse y était. Et elle et moi on va s'en aller maintenant, et vous en faites pas, ma p'tite dame, vous nous reverrez jamais ni l'un ni l'autre. Allez, toi, viens, dit-il à Maggie.

Mais on voyait bien que Mrs Flushing restait sur sa faim. Elle voulait une petite scène, et elle avait bien raison, avec ces théâtreux qu'étaient là sur le point d'en faire une, et elle qu'ennuyait sans doute aux larmes ce qu'elle entendait sur sa TSF du dimanche soir, elle se plaça donc en travers de la sortie et dit en croisant les bras, grosse matrone vigoureuse qu'elle était, de dix ans environ plus vieille que Flushing j'aurais dit :

— Ça a toujours été une maison respectable ici. Vous, je vous ai à l'œil, dit-elle à mon papa, mauvais payeur, cannettes de bière dans la chambre et jamais vous descendez pour le petit déjeuner, c'est des habitudes qu'on a pas ici.

— Je paye les petits déjeuners que je mange pas, dit mon papa, alors vous y gagnez plutôt, ma petite dame, sans compter que c'est pas vos oignons.

— Mon papa a raison, dis-je, et puis j'aime pas beaucoup ce que vous avez dit de mauvais payeur et tout ça. J'ai offert à votre mari là de payer sur mon salaire, c'est lui qu'a dit que c'était pas pressé et qui a refusé. J'aime pas ces façons de parler, dis-je.

— Personne vous a sonnée, vous, que je sache, dit Mrs Flushing. Depuis quand les petites filles ont voix au chapitre? Surtout une morveuse comme toi, tu peux bien mettre deux sous de rouge à lèvres et faire des yeux de merlan à ceux qui seraient assez vieux pour être ton père, et ton père d'ailleurs ici présent, autant qu'il le sache avant que je vous flanque à la porte tous les deux comme j'en ai la ferme intention. L'épouse d'un autre dans cette chambre y a rien de tel pour ternir la réputation à l'établissement, c'est quelque chose que je ne veux pas. Alors tenez-vous-le pour dit une fois pour toutes.

— Très bien, dis-je, désormais fulminante, alors vous feriez mieux de dire à votre mari de garder ses sales pattes dans ses poches au lieu de les porter sur les morveuses qu'ont pas voix au chapitre, parce que c'est un sale vicieux et j'aurais dû en parler avant.

— Qu'est-ce que j'entends? dit mon papa dont la lèvre inférieure était toute rouge. C'est vrai, ce que raconte ma fille?

— Elle raconte absolument n'importe quoi, dit Flushing, qu'est-ce que c'est que ces bêtises ? Comme si j'allais toucher quelqu'un d'autre que ma moitié autrement qu'avec des pincettes.

— Ouais, ben achetez-en, des pincettes, et vite, ne pus-je m'empêcher de dire, pasque vos sales pattes, vous êtes pas capable de les garder dans votre poche et quand votre moitié comme vous dites est pas là, vous en profitez quand elle va voir sa sœur à Bispham. Et c'est la vérité, et j'ai eu peur d'en parler avant pasque qui me croirait plutôt que lui, alors que je ne suis qu'une morveuse comme elle dit, celle-là.

— Je suis pas celle-là, dit Mrs Flushing. Je suis Mrs Flushing, alors fais attention à ce que tu dis.

Et puis elle se tourna vers son mari et poursuivit :

— Qu'est-ce que c'est que cette histoire, comment sait-elle que j'ai une sœur à Bispham, qui le lui a dit si c'est pas toi, qu'est-ce qui se passe ici quand je n'y suis pas pour avoir l'œil aux choses ?

— Elle a dit où qu'est Mrs Flushing ? dit Flushing, et j'y ai dit elle est allée voir sa sœur à Bispham. C'est tout. C'était dans la soirée, plus ou moins, et puis voilà et c'est marre et y a pas de quoi en faire toute une histoire.

— Viens par là, toi, dit le Grand Romano à sa femme, tout ça, c'est pas nos oignons.

— Ah oui, eh ben moi, je pense que c'est les oignons à tous les gens convenables, dit Maggie, quand des satyres comme celui-là peuvent pas s'empêcher de tripoter des jeunes filles.

— Vous là, on vous a rien demandé, dit Mrs Flushing, je vous ai vue sur la jetée à montrer vos gambettes en faisant des houlàlà, alors ne vous faites pas meilleure que vous êtes.

— On peut savoir ce que ça veut dire, ça, si c'est pas trop vous demander ? dit Maggie. Et toi, ajouta-t-elle à l'adresse du Grand Romano, qu'est-ce que tu comptes faire quand ta femme se fait insulter par la tenancière d'un meublé minable ?

— S'il est minable, dit Mrs Flushing, ce qu'il n'est pas, j'aime mieux ignorer votre vulgarité. Ce sont les gens comme vous et votre pianoteur là qui le rendent minable. Seulement faudra plutôt me passer sur le corps avant de le rendre minable, mon meublé, j'aime mieux vous le dire. Je vais vous demander de partir et fissa pour causer comme vous, pasque là vous allez peut-être me comprendre et ficher le camp.

— Mais ficher le camp, on demande que ça, espèce de vieille pimbêche ridicule, dit le Grand Romano, alors sortez de mon chemin avant que je m'énerve.

— T'as entendu ? dit Mrs Flushing à son époux. Tu vas laisser traiter ta femme comme ça par ce minable violoneux ? Sois un homme et défends ta propre chair et ton propre sang.

— Dis donc, y ne faut pas la traiter comme ça, hein, dit Flushing, manifestement pas heureux.

— Moi, ce que je veux savoir, dit mon papa, c'est si ma fille vient de dire la vérité, là ; en tout cas c'est comme ça que je l'ai élevée et je ne l'ai jamais entendue proférer un mensonge.

— C'est la vérité, dis-je, et c'est bien pour ça que ce que j'ai dit était vrai. Y mériterait d'être traîné en justice puis jeté en prison, dis-je en le montrant du doigt.

Alors mon père se mit à serrer les poings, les pouces à l'intérieur et la lèvre inférieure pendante, et plus rouge que jamais marcha sur Flushing, mais Mrs

Flushing lui barra le chemin. Et ce fut l'instant que choisit le Grand Romano pour dire à mon papa :

– Te fatigue pas, collègue, tu peux rien prouver, même si elle était enceinte, tu pourrais rien prouver.

Mrs Flushing explosa en entendant le mot Enceinte et dit :

– Comment osez-vous dire des choses pareilles sous mon toit ?

– Enceinte, Enceinte, Enceinte, lui dit Romano avant de se tourner vers mon père. Elle et moi on s'en va et je te serais reconnaissant d'arrêter d'y tourner autour. Je vois bien ce qui se passe même si tu n'en crois rien. Et en plus t'arriveras à rien, je connais mademôselle Maggie Paramour mieux que toi. Alors garde tes distances et reluque seulement tes partitions si tu veux mon avis et t'éviteras une bonne correction, que je suis parfaitement capable de te donner. Le violon développe plus les muscles du bras que le piano. Bon, ben nous, on s'en va, j'espère que vous résoudrez vos petites difficultés.

– Arrête de débiter des conneries, dit mon papa, espèce de malpropre gratteur de boyaux, t'as un son qu'on dirait un matou en chaleur. C'est une torture de t'entendre et t'as pas la moindre oreille en dehors de celle que je m'en vais tirer tout à l'heure. Alors ne viens pas me dire ce que je dois faire et ce que je dois pas faire.

Sur ce, le Grand Romano déposa soigneusement l'étui qu'il venait de ramasser et se lança dans une empoignade avec mon papa mais sans grande conviction, faut être juste. Maggie s'écria :

– Oh, mais arrêtez, bon Dieu !

Et je dis alors quelque chose que je n'avais pas eu

l'intention de dire, ce fut plus fort que moi, ça me sortit comme ça car je savais que cela allait régler les choses d'une manière ou d'une autre. Bref, je m'écriai d'une voix très forte :

– Enceinte, est-ce qu'enceinte ça veut dire attendre un bébé ? Parce que je crois bien que c'est ce qui m'arrive.

Ça immobilisa tout le monde, je peux vous le dire, et c'était rigolo de voir mon papa et le Grand Romano tournés vers moi, les poings brandis, comme s'ils posaient pour une photo. Alors Flushing, le pauvre imbécile, s'écria :

– C'est un mensonge. C'est pas moi. Je l'ai pas touchée. Et puis d'ailleurs c'est trop tôt pour qu'elle sache.

– Comment ça ? dit Maggie, venant pour ainsi dire me protéger, passant son bras autour de moi et tout ça, trop tôt depuis quoi ?

Alors Flushing se mit à bredouiller :

– Ben, depuis que mon épouse, Mrs Flushing, quoi, est allée voir sa sœur à Bispham, quand celle-là dit qu'ça s'est passé, mais c'est une petite menteuse.

Ce fut mon tour de me mettre à frapper. J'avais un très gros sac à main et je me mis à en assener des grands coups à Flushing, ce qui était une grande satisfaction à vrai dire, puis je débitai toute l'histoire pour lui et pour le reste de la compagnie, comment il s'était jeté sur moi un jour que je sortais des toilettes, comment il avait essayé de pénétrer dans ma chambre en se servant d'un passe mais j'avais laissé ma propre clé dans la serrure et il n'avait pas pu la bouger et des tas d'autres choses, dont certaines étaient vraies. Mrs Flushing ne savait pas si elle devait me frapper ou frapper son mari, mais elle ne cessait de répéter :

— Que s'est-il passé le soir où je suis allée à Bispham, y en a forcément un qui ment ici.

Et alors son imbécile de mari a dit :

— Je suis pas allé aussi loin qu'elle le dit — ouille ! Ça c'était moi qui lui flanquais un grand coup de sac. Mais Maggie m'empêcha de continuer parce qu'elle voulait entendre ce qu'il avait à dire.

— J'ai rien fait de mal, c'était bien naturel, c'est une menteuse qui invente que je suis allé jusqu'au bout avec elle, alors que je lui ai seulement fait un câlin comme si elle était la fille que nous n'avons pas, c'est pas ta faute, ma chérie, et son propre père qu'est jamais là pour s'en occuper, et la voilà qui profite de mon affection naturelle et qui invente que j'ai fait quéqu'chose que seul un imbécile pouvait rêver de faire parce que c'est contraire à la loi et très sévèrement puni.

Mrs Flushing prit alors une inspiration très profonde et lui dit :

— Toi, et moi, on va descendre pour avoir une petite conversation tous les deux tout seuls.

Puis elle se tourna vers M. et Mme le Grand Romano et leur dit :

— Vous deux, allez-vous-en et ne remettez plus jamais les pieds ici parce que je vais faire surveiller par la police.

— On n'a pas besoin de ta permission, ma poule, dit le Grand Romano. Le pays est libre et on fait comme on veut, et justement on veut s'en aller. Allez, viens, toi, dit-il à sa femme qui me dit à moi :

— Te laisse pas faire, ma petite chérie. Ils sont tous pareils.

Quoi qu'elle entendît par là, ils s'engouffrèrent tous

deux dans l'escalier sans cesser de se disputer. A mon papa et moi Mrs Flushing déclara alors :

— Demain matin à la première heure je vous vire. La charité chrétienne m'interdit de le faire tout de suite comme vous le mériteriez. Mais je ne veux plus jamais ni vous voir ni vous entendre l'un et l'autre.

Elle fit mine de se retirer, avec Flushing sur les talons qui la suivait désormais comme un bon toutou, mais moi je dis :

— On part tout de suite, pas vrai, papa ? On voudrait pas rester une minute de plus dans votre saleté d'établissement pourri où les jeunes filles ne sont pas en sûreté sitôt que la patronne va voir sa sœur à Bispham. Allez, papa, on fait nos valises et on s'en va.

Ce pauvre papa avait les idées bien embrouillées et il était bien inquiet de toutes choses, aussi fut-ce comme un robot qu'il tira sa vieille valise de dessous le lit. Je jouai des coudes pour passer entre Mr et Mrs Flushing, elle bouillait intérieurement mais garda bouche cousue tant qu'elle n'eut pas regagné l'étage inférieur avec son époux, et j'allai dans ma chambre faire mon propre bagage. Puis mon pauvre papa et sa pauvre fille partirent dans la nuit et nous ne trouvâmes ni l'un ni l'autre à nous loger nulle part car on était au plus fort de la saison, et nous fîmes donc ce que jamais nous ne nous serions attendus à devoir faire, nous allâmes dormir sur le sable. Aucune loi ne l'interdisait, et la police ne s'en mêlait jamais. La nuit était d'ailleurs très douce et pas très longue parce qu'on était proches du solstice, mais ça n'était tout de même pas très confortable et ça regorgeait de petits cailloux. J'étais bien décidée à trouver un moyen de me faire une meilleure existence. Quant à papa, il était trop tard pour lui qui ne serait plus jamais rien d'autre que ce qu'il était.

Neuf

Nous prîmes le petit déjeuner très tôt dans un caffy plein de chauffeurs routiers et de balayeurs et de gens de ce genre, des œufs sur le plat durs comme du cuir avec du lard très gras et du thé très fort. Mon père savait désormais bien sûr que je n'étais pas enceinte mais cela le tracassait que ce Flushing m'eût imposé une quelconque intimité sexuelle et il fulminait et était prêt à lui lancer la police aux trousses, mais je lui dis de laisser tomber, qu'il n'était pas parvenu très loin de toute manière. Et on voyait bien en même temps qu'il en pinçait encore pour Mlle Paramour malgré tout et qu'il n'avait pas encore compris qu'elle n'était rien de plus qu'une allumeuse même pour son propre mari. Papa était très fatigué et avait besoin plus que tout d'un endroit convenable pour se coucher, nous nous mîmes donc en quête d'un nouveau logement que nous trouvâmes vers onze heures du matin dans les environs de la gare centrale, assez miteux mais pas trop cher, ma chambre à un étage, la sienne à un autre, et la plupart des autres locataires étant, apprîmes-nous, des gens qui travaillaient aux Amusements ; en particulier dans les baraques qui longeaient ce que l'on appelait le

Golden Mile, des lilliputiens, l'homme qui s'occupait de la sculpture d'Einstein intitulée *Genèse,* un pasteur défroqué pour s'être rendu coupable de cochonneries et qui tentait de mettre cette situation à profit pour gagner sa vie, et le Gréviste de la Faim. Le Gréviste, qu'on appelait Magro mais dont le vrai nom était Jo Something, occupait une chambre voisine de la mienne et était naturellement très maigre mais possédait un bon appétit et on l'autorisait à manger des biftèques et des assiettes de gâteaux dans sa chambre où personne ne le voyait tricher. Il y avait aussi le Directeur d'un bon nombre de ces baraques qui n'habitait pas réellement là mais traînait toujours dans le coin. On l'appelait Jerry Fieldflow ou quelque chose dans ce genre-là. En tout cas, la proprio avait effectivement vu mon papa jouer du piano, du moins disait-elle que tel était le cas, et elle voulut savoir pourquoi nous déménagions, mais je répondis que notre ancien logement était sale, sans préciser où, et elle dit :

– Bah, ce n'est pas sale ici, ma chérie.

Ça l'était pourtant, et pas mal.

Papa alla se coucher. J'étais passée au caffy des Hargreaves pour leur dire que je serais un peu en retard ce matin, ils m'avaient répondu d'accord, petite, mais j'y fus juste à temps pour le déjeuner, qui ce jour-là se composait ainsi :

SOUPE
BEIGNET DE PLIE, FRITES
AGNEAU RÔTI, CHOUX, POMMES À L'EAU, SAUCE
PUDDING LÉOPARD ET CUSTARD
THÉ OU CAFÉ
SODAS

Jim Birkeshaw était là, comme à l'ordinaire, et il dit d'accord pour ce soir, et je dis d'accord. Puis il dit :

– Je n'ai pas encore vu le spectacle de la jetée centrale dans lequel y a ton papa. Si on y allait ?

Je le regardais, plantée devant lui avec mon plateau vide et un homme derrière moi qui disait mademoiselle, mademoiselle, et moi qui faisais celle qui ne l'entendait pas. Toujours ignorer le client la première fois, c'est la règle, et je me dis : Ma foi, voyons si ça commence à se voir dans cette revue, disons comme qui dirait si les Difficultés Personnelles ressortent dans leur manière de faire les choses, et je dis donc :

– D'accord, on ira, alors.

J'avais vu mon papa se couvrir de Honte à Manchester pendant la séance de ce film sur Notre Seigneur, et maintenant, mais je ne le savais pas pendant que j'étais en train de servir le Léopard sauce anglaise, j'allais le voir se couvrir de Honte sur scène et même avoir les honneurs de la presse à cause de ça. Oh, rien qu'un petit article, et sans qu'on cite son nom, et les journaux traitèrent la chose à la blague, mais c'était tout de même une Honte.

Je retournai au meublé quand nous eûmes fini de servir le déjeuner et que j'eus avalé le mien (il ne restait pas de plie et je dus me rabattre sur l'autre plat du jour) et j'eus quelques difficultés à le retrouver. Je n'avais pas noté l'adresse et je dus me balader pas mal, et je commençai même par me tromper d'endroit, et par entrer dans un autre meublé où une espèce d'Indien sortit d'une chambre dans un couloir très sombre et me dit quoi tu veux, madamizelle. J'allai voir dans la chambre de papa, que je ne trouvai qu'après être entrée dans une autre où un tas de très minuscules sous-vêtements de lilliputiens mis à sécher sur un fil dégouttaient sur le plancher, et ce fut un soulagement de la trouver vide, et d'en conclure qu'il devait assurer la matinée comme de coutume. Mais je ne fus pas contente de découvrir une demi-bouteille de John Haig vide qui traînait par terre et son sac pas défait et ce petit étui à violon ridicule sur le lavabo. Je m'asssis sur son lit pour l'attendre et il rentra à la seconde où je m'apprêtais à repartir servir le repas du soir.

– Comment ça a marché, papa ?

– Aussi mal que possible, qu'est-ce que tu veux que je te dise, à cause de cet enfoiré de Morgan...

– Si je te passe l'expression.

– J'en ai rien à secouer, je parle comme je veux. Cet enfoiré de Morgan a presque pas eu d'applaudissements avec les *Czardas* de Monti, mais ça l'a pas empêché de bisser, ce salopard, et il a dit comme ça : « J'aimerais vous interpréter le morceau le plus difficile de mon répertoire, un Capri chaud du célèbre Paganini, mais mon pianiste a malheureusement égaré la partition et je vais donc devoir me contenter d'exécuter *Salut d'amour.* » Et puis il m'a fait une grimace et ça les a fait rire un peu, mais je n'y pouvais rien, et quand ça a été fini je l'ai cherché mais y s'était tiré, le bougre, seulement je jure par notre seigneur Jésus que je vais avoir cet enfoiré dès ce soir, tu verras ce que je te dis.

– Je serai dans la salle ce soir, dis-je très calmement, alors tu ne feras rien de plus que ce que tu as à faire. Voudrais-tu que ta fille ait Honte de son propre père ?

– C'est la réponse du berger à la bergère, fillette. Tout ce que je veux, c'est faire rire aux dépens de cet enfoiré. Quant à l'autre garce, dit-il et puis il se contenta de grogner sourdement.

— Pourquoi l'autre ? dis-je, il n'y a qu'une garce, à ma connaissance, et je dois dire que je suis très heureuse de te l'entendre appeler garce, parce que ça prouve que tu as découvert ce qu'elle était. Eh bien, qu'a-t-elle fait ?

— Elle s'est montrée à moi Toute Nue.

Et il inclina la tête comme si c'était lui qui avait été exhibitionniste.

— Quoi ?

— Elle avait laissé ouverte la porte des loges des dames, et elle avait tout ôté avant d'enfiler son costume de scène, et elle m'a fait une espèce de sourire et puis elle m'a claqué la porte au nez.

Mon père grinçait pour ainsi dire des dents en me racontant ça et il poursuivit dans une espèce de hululement :

— Absolument rien sur le dos, à poil comme un ver, si tu me passes l'expression. Pendant toutes les années de notre mariage à ta mère et moi, ma fille, je ne l'ai jamais vue dans l'appareil le plus simple.

— Ben, comment vous y preniez-vous ?

— Qu'est-ce que ça veut dire, comment qu'on s'y prenait ? Voilà une pensée salement vicieuse. Je sais ce que tu as en tête, c'est ce fichu Flushing, c'est ça, j'aurais dû comprendre que ça cachait quelque chose.

Et puis il se tassa pour ainsi dire sur lui-même et dit :

— Ah, j'ai laissé tomber tous ceux qui comptaient sur moi, y compris ma chair et mon sang. Je ne suis vraiment utile à personne, homme ou bête.

— Tu as mangé, au moins ? dis-je.

— J'en ai rien à foutre de manger, ma fille. C'est du temps perdu.

— Les trois sous que j'arrive à gagner, dis-je, c'est grâce aux gens qui mangent. Tu vas venir avec moi à ce caffy et avaler quelque chose de solide, voilà ce que tu vas faire et je m'occuperai de toi.

— Non, je vais plutôt piquer un petit roupillon, et puis je mangerai un petit morceau sur la jetée centrale avant le spectacle. T'en fais pas pour moi, fillette.

— Et pense bien, dis-je, que je serai dans le public ce soir avec un ami et que je veux que tout aille comme il faut. Nous ne voulons pas que la blague de Jésus-Christ recommence.

— Dis donc, tu blasphèmes maintenant, ma fille, ça va trop loin. Entendu, je te verrai donc là.

Et il s'allongea et s'endormit presque aussitôt, ronflant comme un sonneur — encore que je n'aie jamais entendu ronfler de sonneur pour savoir ce que vaut la comparaison. Je partis donc travailler un peu inquiète et quand j'eus fini je rejoignis Jim près de la Tour, et nous allâmes chez le glacier où il commanda une merveille en culotte de golf et moi un banana split. Ça ne fait aucun doute, les glaces de ce temps-là étaient meilleures que tout ce qu'on peut se procurer aujourd'hui, avec leurs saletés de produits chimiques et leurs glus de toutes sortes. Puis quand vint l'heure nous gagnâmes la jetée centrale où je n'eus qu'à décliner mon identité pour qu'on nous donne des exos.

Un vent glacé soufflait de la terre et le ciel était très maussade, on était donc aussi bien à l'intérieur mais, comme vous auriez pu vous en douter, il y avait déjà un public assez nombreux qui attendait en mastiquant du chocolat et en tirant sur des cigarettes. A cette époque fumer n'était pas encore devenu mauvais pour la santé, de sorte qu'on le faisait beaucoup. Le chocolat aussi est mauvais pour la santé aujourd'hui, si l'on y pense il ne reste pas grand-chose en apparence qui soit bon pour la santé en dehors de payer de gros impôts à l'État, chose que j'ai toujours évité de faire, et de se faire agresser par des voyous, je me promène toujours avec une bombe de gaz dans mon sac, mais c'étaient des jours insouciants où l'on pouvait marcher dans la rue sans se faire agresser et fumer cinquante cibiches par jour sans que personne vienne vous dire que c'était mauvais pour vous. Les lumières baissèrent, et puis l'on entendit mon papa jouer une espèce d'ouverture, dans laquelle il mélangeait les chansons les plus appréciées du moment pour en faire ce qu'il appelait un fugato, de la confiture aux cochons, et puis les lumières s'éteignirent pour de bon en dehors des projos et des arcs et puis le rideau s'ouvrit et ils se lancèrent dans leur *Cocorico.* Papa avait l'air d'aller bien, il ne jouait aucune fausse note qu'on puisse remarquer et tout allait sans cahots et les gens riaient aux bons endroits et applaudissaient beaucoup. Je n'en remarquai pas moins comme une espèce d'odeur d'ennuis quand on en arriva au sketch d'*Une signature, s'il vous plaît* ; pendant que Jack Rowbotham et Maggie Paramour s'enlaçaient, mon papa produisit une espèce de grognement sourd avec son piano. Ça passa parfaitement comme si ç'avait été prévu et produisit même quelques rires que Jack et Maggie n'avaient pas entendus parce qu'ils parurent un peu interdits avant de regarder mon papa d'un air furax. Ce fut après le numéro personnel de Maggie, celui du *Houlà, là, mam'zelle,* que papa commença à aller un peu trop loin. Elle dit qu'elle avait une échelle à son bas et papa, comme je l'ai dit plus haut, devait lui courir après en criant qu'il allait grimper à cette échelle pour lui nettoyer ses carreaux. Mais cette fois il lui sauta dessus avant qu'elle ait le temps de s'enfuir et sur scène, devant tout le monde, tenta de lui donner un gros poutou. On voyait bien qu'elle était très en colère, mais le public crut que tout cela ne sortait pas de l'ordinaire, même quand elle se mit à se battre avec lui d'un air furibond, et ce fut papa qui eut droit à de forts applaudissements quand il regagna son piano comme qui dirait en titubant.

Bref, il n'y eut rien de trop catastrophique jusqu'au numéro du Grand Romano. Au lieu de voir paraître ce dernier, on vit mon papa ramasser près de la rampe le violon qu'il avait chipé autrefois ainsi que son archet et l'on entendit un grand fracas qui semblait venir de très loin dans la coulisse. Mon papa dit :

– Mon estimé collègue et néanmoins ami le Grand Romano s'est laissé, dirait-on, enfermer dans les toilettes.

Cela lui valut un éclat de rire et quelques tss-tss de protestation, parce que les toilettes n'étaient pas un mot de bonne compagnie à l'époque.

– En attendant qu'il arrive à grimper par-dessus la porte, poursuivit mon papa, je vais vous montrer que ce n'est vraiment pas grand-chose de jouer du violon, c'est même facile comme tout. Tenez, je peux même jouer de mon violon d'une main et de mon vieux piano de l'autre.

Alors il s'assit au clavier, se coinça le violon sous le menton, et se mit à manier l'archet sur les cordes à vide tandis qu'il plaquait de grands accords avec sa main gauche. Évidemment, il joua cette valse que des milliers de gosses au Japon jouent aujourd'hui et que je vous offre gratuitement à la fin de ce récit. Le public n'attendit même pas qu'il fût à la fin des huit premières mesures pour applaudir à tout rompre, et il n'eut pas l'occasion de terminer l'exécution parce que le Grand Romano entra en scène à cet instant, furieux et serrant le kiki de son propre violon comme pour l'étrangler. Mon père se leva et lui fit une révérence, puis lui offrit le siège du piano en écartant les mains et cela obtint un éclat de rire. Alors le Grand Romano, qui connaissait le jeu dans le fond, sourit de toutes ses dents sans cesser de fulminer et dit au public :

— Et maintenant, pour la première fois dans l'histoire, vous allez entendre les *Czardas* de Monti exécutées sur deux violons et je puis vous assurer que je ne serai pas le deuxième.

Alors mon papa se tassa plus ou moins devant son piano en disant :

— Violon, mon œil.

Et cela lui valut un nouveau rire, une fois que le public a commencé, rien ne l'arrête plus. Ils jouèrent donc les *Czardas* de Monti très sérieusement comme à l'ordinaire, si ce n'est qu'une imbécile du public crut que cela voulait être drôle et se mit à rire en entraînant deux ou trois autres spectateurs. Mon papa joua pour ceux-là, montant et descendant le long du clavier en balançant tout le corps et levant les mains très haut en l'air quand le Grand Romano avait ce qu'on appelle un rubato à jouer. Il eut beau froncer les sourcils et foudroyer mon père du regard, il n'y pouvait rien, du moins sur le moment. Quoi qu'il en soit, la partie rapide en ré majeur se passa bien, sauf qu'en arrivant vers la fin le Grand Romano dit comme un imbécile qu'il était : « Plus vite, plus vite » et mon papa dit :

« Avec la plus grande animosité possible, maestro », et il fonça si bien qu'il termina le premier. Il demeura assis les mains sur les genoux, détournant la tête d'un air surpris que Romano n'eût pas encore terminé, et Romano dut exécuter les deux derniers accords tout seul, et son double arrêt fut lamentable, bien que les accords fussent ré majeur et la septième, pourtant faciles au violon. Évidemment le public trouva ça très drôle, comme une course ou une espèce de concours, surtout lorsque mon papa fit mine de se serrer lui-même la main, debout et aussi applaudi sinon plus que le Grand Romano. Jim à côté de moi trouva cela très amusant et le dit. Mais à l'entracte je me levai, m'excusai et partis en coulisse pour voir ce qui s'y passait et que je n'avais guère de mal à deviner.

Ce qui s'y passait, c'était une bagarre de tous les tonnerres, Romano balançant des coups à mon papa qui serrait les poings en garde comme un boxeur et Maggie Paramour ne sachant trop si elle devait prendre l'air enchanté ou désolé jusqu'à ce qu'elle me vît et s'écriât en me saisissant par le bras :

— Viens, ma chérie, allons dans la loge.

Mais je me dégageai, sachant où elle voulait en venir, et les autres disaient que le pianiste n'avait pas à se tailler un succès aux dépens des vrais Artistes et fais-y attention, mon gars, et ainsi de suite. Évidemment, Robbie Partridge en tant que patron du spectacle, et sa bourgeoise lui donnant un coup de main, tentait de rétablir l'ordre et l'amour et l'amitié et la Coopération et ainsi de suite et disait à mon papa que s'il le reprenait à ces inepties il le flanquerait à la porte parce que sa femme pouvait le remplacer au piano, diplômée de piano qu'elle était du Conservatoire royal de musique, qu'est-ce que vous croyez. Et je dis moi aussi à papa d'arrêter de faire l'imbécile mais il se contentait de siroter de petites gorgées d'une bouteille d'un demi-litre de Bass qu'il avait là, mais enfin on voyait bien qu'il était un peu secoué.

En tout cas, la deuxième partie ne se passa pas trop mal, papa s'étant beaucoup calmé et ne jouant d'ailleurs pas trop mal non plus, jusqu'au dernier numéro, qui était le sketch dans lequel tout le monde se faisait tuer et gisait sur scène en attendant que papa revienne le premier à la vie et lance le couplet final. Seulement cette fois papa refusa de mourir. Il alla en titubant jusqu'à Maggie, qui gisait sur scène les jambes écartées, et avant qu'elle eût le temps de savoir ce qui lui arrivait mon papa s'était laissé tomber sur elle, nom de Dieu, et une bagarre terrible éclata sur scène, le Grand Romano s'étant jeté sur lui et tous les autres cherchant à les séparer et Robbie qui hurlait rideau, rideau, rideau, rideau, bon sang, et le rideau tomba comme qui dirait sur une scène de Carnage. Et puis mon papa dut se dégager pour gagner le piano car on entendit la *Marche funèbre* de Chopin jouée très fort jusqu'à ce que quelqu'un l'arrêtât et qu'on entendît un hurlement de douleur, qui devait correspondre au moment où on referma le couvercle du piano sur les doigts de mon papa. Le public avait adoré, sauf que quelqu'un dit comme ça que c'était indécent et tout ça, qu'on n'aurait pas dû amener les enfants, une honte que c'était. Le rideau ne se releva pas et les lumières de la salle s'allumèrent et tout le monde sortit dans un bourdonnement de conversations, et j'entendis un homme dire que ça lui rappelait *Paillasse* – qu'est-ce que c'est que ça ? – et se mettre à chanter l'acteur n'est-il pas un homme avec un cœur comme vououous jusqu'à ce que sa femme lui dise de la fermer parce que tout le monde le regardait. Je dis à Jim qu'il fallait que je m'occupe de mon papa, pour le ramener à la piaule et tout ça et peut-être même le frapper un peu si c'était nécessaire, et il en tomba d'accord et nous nous souhaitâmes bonne nuit sur place et il n'essaya même pas de me donner un bisou, comme s'il avait compris à quel point les ennuis de mon papa étaient graves puisqu'il allait se retrouver au chômage encore une fois.

A vrai dire, ce fut mon papa qui vint me chercher, faisant quelque chose que nul Artiste n'était censé faire, c'est-à-dire venant dans la salle directement depuis la scène, franchissant le rideau et descendant l'escalier latéral en criant :

— Où que t'es, ma fille ? J'en ai ma claque de toute la bande.

Il restait encore quelques spectateurs qui n'étaient pas sortis, et une femme fit tss-tss avec la langue pour manifester sa réprobation d'une telle manière de parler, mais moi je me précipitai plus ou moins sur lui qui s'amenait dans l'allée en lui disant :

— Tu peux dire que tu t'es mis dans de beaux draps. Mais qu'est-ce qui t'as pris, grands dieux ?

— J'en avais simplement ma claque de toute cette foutue bande, ma fille. Tu te crèves à jouer leur saloperie, et tu n'es rien, une chose, un machin dont ils se servent et rien de plus. Ça va changer, j'aime mieux te le dire.

Et tandis que nous longions ensemble la jetée vers la sortie, avec le vent vraiment froid de la nuit qui nous soufflait dessus et les vagues qui faisaient woufch, je lui dis :

— Et comment qu'ça va changer, s'il te plaît ? T'as toujours dit que ton travail c'était de jouer du piano, d'être comme l'esclave d'un film ou d'un violoneux ou des personnes qui croient savoir chanter, c'était ton boulot, tu disais, et maintenant ce boulot, tu l'as perdu.

Et il dit :

— J'ai eu une longue conversation avec un certain Jerry Paillafeux ou Filunpeu, je ne sais plus trop comment qu'y s'appelle.

C'était la première fois que j'entendais parler de cet homme et je dis donc :

— Qui c'est qu'ce particulier-là ?

— Il était au meublé ce matin et il m'a dit qu'il avait des baraques sur la promenade. Et puis on a bu un ou deux verres au pub avant la matinée et y m'a dit qu'y avait une fortune à s'faire avec ce qu'il appelle un Marathon de Piano. Il s'agit de jouer du piano sans arrêt et les gens payent pour venir voir si on y arrive.

— Tu veux dire comme une épreuve d'endurance ?

— On peut dire ça, ma fille, mais ça veut dire que les personnes viennent pour t'écouter et pas seulement un imbécile de gratteur de boyaux ou une nana insolente qui se prend pour la reine de Saba pasqu'elle a les jambes qui lui remontent jusqu'au trou du cul, oh, et puis merde pour les excuses, j'peux tout de même pas m'excuser tout le temps, d'accord, j'm'excuse, j'te donne le mauvais exemple, je ne sais pas ce qui me prend ces temps derniers, ou plutôt si, d'une façon, c'est d'en avoir ma claque de la façon dont je suis traité, voilà ce que c'est, mais ça va changer désormais.

— Y faut que tu joues du piano sans t'arrêter, sans

manger ni même aller aux cabinets ? Pendant combien de temps ? Je trouve que c'est une folie, et même que c'est dangereux.

Et m'écartant un peu de mon papa tandis que nous marchions côte à côte, je le regardai comme pour m'assurer qu'il était vraiment bien dans sa tête. Il avait l'air d'aller bien, un petit peu déprimé seulement et en même temps comme qui dirait excitable, et il marchait à petits pas courts et rapides, la tête baissée, regardant les planches de la jetée sous ses pieds et les mains dans les poches. Il dit :

– On s'est pas encore décidés sur la durée, mais ce Fifrelin dit qu'il connaissait un type à San Francisco, c'est aux USA, qui l'a fait sans s'arrêter pendant quarante jours plus ou moins quarante nuits.

Ça me fit penser à quelque chose, et je me souvins de ce que c'était, c'était Notre Seigneur au désert.

– Il fallait bien qu'il ait le temps d'aller faire pipi. C'est ridicule, c'est impossible. Que lui est-il arrivé ? Non, c'est impossible, personne ne pourrait le faire, tu dis n'importe quoi et merde.

– Ce n'est pas parce que je te donne le mauvais exemple que tu dois le suivre, ma fille. Il avait deux heures de pause par jour, ce qui suffisait, et il jouait donc vingt-deux heures sans arrêt chaque jour. Or d'après les calculs de Farfelu le nombre de jours requis est de trente. Tiendra-t-il ? Si ça fait moins de trente ça ne change rien, on prend l'argent qui rentre, c'est une espèce de cible pour la publicité. Tiendra-t-il ? Tu vois ce que je veux dire. Bien sûr le problème c'est le sommeil, il m'en faut beaucoup, comme tu le sais, mais Farfalou là dit que c'est rien qu'une habitude, et que j'ai qu'à prendre des médicaments pour couper le besoin de sommeil. Tiendra-t-il ? répéta-t-il encore comme s'il parlait de quelqu'un d'autre, mais je vis qu'il avait dans la tête une affiche proclamant : TIENDRA-T-IL ?

— Quel genre de médicaments ?

— Ben, y en a un qui s'appelle Benza ou Bonza quelque chose et puis y a des cachets de caféine et aussi on peut boire du café avec une paille, une idée qui me plaît, ça, du café froid, mais ça fait venir l'Urine.

— Tout ça me paraît idiot, mais pas seulement idiot, idiot et criminel et même idiot et fou. Qu'est-ce que tu en retires, toi ? Je veux dire comme argent.

— Eh ben, Faufilet dit qu'on pourrait faire moitié moitié, c'est lui qui fournit le piano, qu'il compte louer, un très bon, pour pas cher puisqu'on fera de la réclame pour la marque, et c'est lui qui paye le loyer de la salle, qui est celle dont il se servait pour la présentation de l'Homme-Rat et de la Femme-Crabe jusqu'à ce qu'ils se marient et prennent un petit restaurant, d'après ses calculs il y tient cent personnes debout facile, et personne voudra y rester tout le temps, sauf vers la fin du marathon, ce que Falafel appelle Venir Pour La Curée. On mettra le ticket à un shilling, mais pour un demi-dollar on aura droit à cinq entrées à n'importe quelle heure du jour ou de la nuit, et bien sûr, c'est lui qui paye l'éclairage.

— La curée, hein ? Il sait de quoi y cause, ce Filapoil ! Ce sera toi le gibier et ça va te tuer une bonne fois pour toutes.

— Et c'est lui qui se charge de la réclame et d'encaisser à l'entrée. Il dit que plus vite on commencera, mieux ça vaudra. Calcule bien, ma fille. On pourrait finir avec une centaine de livres chacun, peut-être plus. Ils vont faire la queue nuit et jour pour entrer quand on approchera de la fin.

– Si t'es encore vivant à la fin, dis-je. Et qu'est-ce que tu comptes faire de ces sous ? En supposant que tu les aies ?

Nous étions arrivés à la promenade et cessant de marcher, il se tourna vers moi, s'efforçant de paraître Imposant et dit :

– On ira aux États-Unis, voilà ce qu'on fera. On ira en Amérique, d'autres l'ont fait avant nous, et d'ailleurs les États-Unis ont été faits par des gens comme toi et moi qui n'étaient pas heureux de l'existence par ici. On ira aux États-Unis pour prendre un nouveau départ.

Moi je le regardais la bouche ouverte, sans dire un mot.

– J'ouvrirai une école de violon avec cette Méthode à laquelle je travaille. J'ai mis certaines choses par écrit sur du papier manuscrit. Je les ai écrites au caffy de la jetée pendant que les autres prenaient leur thé et accordaient pas deux sous d'attention à ton serviteur, puisque c'est seulement un domestique. J'ai ça dans la valise à la piaule, tout bien écrit à l'encre. Il y a des tas de personnes riches aux États-Unis qui seront enchantées de faire apprendre le violon à leurs gosses avec une Méthode garantissant qu'ils seront capables de jouer dans des concerts d'enfants dignes de ce nom moins d'un mois après avoir commencé. Tout ça est au point. Je t'ai fait voir comment ça marche. Aux États-Unis y demandent pas mieux que d'essayer les nouveautés, pas comme ici. On se fera une fortune.

– Mais je ne veux pas aller aux États-Unis, dis-je,

je vois assez d'États-Unis dans les films sans avoir besoin d'y aller. Parce qu'enfin qu'est-ce qu'il y a aux États-Unis pour moi ?

– Une éducation comme il faut d'abord et d'une, dit mon papa. Et puis après on verra bien. Tu pourrais même épouser quelqu'un de très riche, jolie comme tu es. Mais d'abord et avant tout faut gagner le prix des billets.

Alors je ne dis plus rien et nous reprîmes la direction de la piaule. Quand nous arrivâmes dans le voisinage du Duke of Talbot, il n'était pas encore fermé et plein de chants et de bruit, mon papa se mit comme qui dirait à traîner des pieds et dit :

– Vas-y, rentre, ma fille. Une petite pinte m'aidera à m'endormir. Je risque de plus tellement dormir, une fois qu'on aura commencé le marathon.

Je le quittai donc. Comme j'ai dit plus haut, ils en ont parlé un peu dans les journaux, le *Blackpool Mercury* c'était, et aussi un peu dans le *Manchester Evening Chronical,* de l'incident au beuglant de la jetée centrale. Ça disait à peu près ça : depuis Pagliacci (c'est comme ça qu'on écrit Paillasse paraît-il) on n'avait pas vu sur scène un tel étalage des sentiments personnels qui ont animé la représentation de la jetée centrale à Blackpool hier soir. D'évidents différends de nature amoureuse ont transformé le tableau final en une lutte ouverte sur laquelle il a fallu baisser le rideau avec célérité. Le public a semblé apprécier ce qui constituait un renouveau rafraîchissant par rapport au comportement habituel de ces troupes. Le père de la troupe, lui-même comique de revue, Mr Robbie Partridge, s'est refusé à tout commentaire. Il a bien voulu indiquer toutefois qu'un changement de pianiste interviendrait dès ce soir et pour toutes les représentations qui suivront et que Madame Estrella de La Roche, chanteuse de renommée internationale, ferait la démonstration de son talent au clavier. Madame de La Roche, à la ville Mrs Partridge, est diplômée de nombreuses universités musicales nationales et étrangères et compte un grand nombre de pianistes célèbres parmi ses anciens élèves.

Mon papa me donna lecture de cela depuis son lit, où il demeura trois jours et trois nuits pour se préparer à son Marathon de Piano. Puis il se leva et but sept pintes de Bass, dont la plus grande partie remonta, et se déclara prêt pour la Bagarre, comme il dit. Et il ne croyait pas si bien dire.

Dix

C'était une de ces boutiques du front de mer qui avait autrefois été un bureau de tabac, comme on pouvait s'en rendre compte en allant regarder derrière, où se trouvait une vieille réserve vide et crasseuse avec quelques cartons découpés couverts de poussière – réclame pour les Craven A, les Kensitas et les Black Cat – et où régnait la très forte odeur du bois des allumettes Swan Svestas. Il y avait aussi derrière des toilettes très sales avec un lavabo fendu et ce Jerry Fanfreluche avait fait rétablir l'eau par la Compagnie. La grande vitrine avait été peinte en noir de manière à ce que personne ne vît rien de ce qui se passait à l'intérieur et l'on avait commandé à un peintre d'enseignes un écriteau proclamant BILLY HENSHAW L'HOMME MARATHON TRENTE JOURS ET TRENTE NUITS DE PIANO SANS INTERRUPTION TIENDRA-T-IL ? A l'entrée il y avait un tableau noir sur un chevalet mais très petit, plutôt comme un jouet d'enfant, et l'on y inscrivait à la craie chaque jour quel jour c'était. Il y avait une espèce d'estrade surélevée au milieu à l'intérieur, recouverte d'un coupon de moquette bon marché et là-dessus il y avait mon papa et le piano. Il y avait des petites lampes toutes braquées sur lui et qui n'arrêtaient pas de s'éteindre parce que l'installation était Défectueuse jusqu'à ce qu'on finît par faire venir un jeune type qui la répara. Il y avait aussi un vieux fauteuil délabré pour que mon papa se repose. Je le revois aujourd'hui au beau milieu de la nuit le DEUXIÈME JOUR, au tout début de ses deux heures de sommeil dans son fauteuil à deux heures du matin, et il n'y a personne sauf un type qui n'arrive pas à dormir et qui regarde pour ainsi dire avec envie mon papa qui ronfle comme un sonneur et un jeune couple qui est arrivé par le dernier train et n'a pas encore trouvé de chambre. Et puis il y a moi, et il y a le Directeur, comme il se fait appeler, Jerry Farfouille (ça ne peut pas être son vrai nom, ça n'a pas l'air d'un vrai nom, ça vous a quelque chose de louche).

Voici quelques-uns des morceaux que mon papa joua au cours de ses deux premiers jours et de ses deux premières nuits : *Avallon, Mountain Greenery, Californie, me voici, le Matin en Caroline, Jours heureux et Nuits solitaires,* le *Nocturne en mi mineur* de Chopin, la *Mignonnette en sol* de Beethoven, la *Mignonnette* de Paderouski (simplifiée), *O Shinanackyda, il joue de la guitare devant le bazar ha ha haha, Tu m'étais destinée, Sonny Boy,* la *Lettre à Élise,* le mouvement lent de la Cinquième Symphonie de Tchaïkovski (merci, Rolf), un morceau par mon papa inventé à mesure pour la main gauche seulement, le même morceau transposé pour la droite seulement, le *Cargo* de Haendel, la *Chanson du printemps* de Mendelssohn, *Dans le jardin d'un monastère* avec sifflet obligé, *Sur un marché persan, le Sanctuaire du cœur,* la *Watermusic* de Haendel (sélection), des petits bouts de *Eine kleine je ne sais quoi* (Mozart), l'intermezzo de *Cavalerie rusticano, En route pour le pot-pourri* de *Pagliacci* (prononcer *Paillasse*), « Sur la mer calmée » de *Madame Butterfly,* le « Chœur des pèlerins » de *Ta Nauser,* les « Tortues » du *Carnaval des animaux* (un très bon morceau quand on est fatigué, c'est le cancan de *Refuse in the Underground* interprété aussi lentement qu'on veut), une Sélection des Hymnes Protestants les plus Populaires, une Sélection des Hymnes catholiques forcément un peu moins populaires, *Quand c'est la nuit en Italie, c'est mercredi de ce côté-ci, Rule Britannia qu'un cheveu sur la tête à Mathieu, La Marseillaise, Là-bas, là-bas car les Yankees s'amènent, Ne laissez pas s'éteindre les feux domestiques, Qu'il est long, long, le chemin qui serpente devant nous,* une marche funèbre pour la main gauche seulement, un petit air gazouillant pour la main droite seulement (inventé par mon papa), *Si tu étais la seule fille au monde, Ah, faites que notre bonne vieille planète continue de tourner, Oui, nous n'avons pas de banane, Je lui fais pouet pouet, elle me fait pouet pouet et on se comprend, Ne soyez pas méchant avec les fleurs des champs, Bye bye, Blackbird, Avec Marion dans un avion, Pauv' Papa (il a rien du tout),* « Mon héros », extrait du *Soldat de chocolat, Ole Man River* et *Only Make Believe* et *Can't Help Lovin' Dat Man,* tout ça extrait de *Show Boat, Rosemary* (« ma belle Rosemary, la vache de la prairie »), *Indian Love Call* (« quand je crie you ou ou ou ou ou ouuuuuuuu »), *l'Homme qui fit sauter la banque à Montecarlo, Daisy Daisy, Allons, Riri* (« faites riri, Riri, faites risette »), la « Suite » de *Peer Gynt* (sélection), la *Pathétique* de Beethoven (mouvement lent), *Encore un qui se tire pour l'Amérique, le Matin à*

Philadelphie, Finnegan's Ball, Carnet de bal, Après le bal, Père Dupanloup, Sur les vagues, le Beau Danube bleu (en coupant les endroits difficiles), *Voix du printemps, Contes viennois, la Valse du patineur, On M'appelle la Belle de New York,* pot-pourri des succès de Gilbert et Sullivan, des morceaux lents des *Danses polynésiennes* de Borodine, *Mammy Mammy* (« je ferais un million de kilomètres à pied pour un de tes sourires », ça m'a toujours paru un peu exagéré), *les Mains de femme, la Fille aux Cheveux de Lin* (surtout pour la main droite, la main gauche s'ankylosant un peu), choix de chansons de corps de garde (*la Femme du roulier, Fais voir Tes genoux, la Femme de l'étudiant, la Putain d'Alger*), *Loch Lomond, Ye Banks and Braes, Mother Macree, la Harpe de Belfast, The Mountains of Mourne, John Brown's Body, Ne joue pas avec mon cœur, Comme la plume au vent femme est volage, Jalousie,* l'Ave Maria de Bach et Gounod, l'autre Ave Maria, *Mon village en Alaska, le Pouvoir d'un sourire, la Fille du bédouin, Lou Bailero, I Can't Give You Anything But Love,* le *Cantique des Cantiques, Maggy Maggy May, le Petit Oiseau qui ne cesse de chanter Tout au Long de la nuit, Rien de tel qu'une petite bière, bière, bière, gloire à la bière, Ah c'te gueule, c'te gueule, c'te binette, Chers Vieux Copains, la Chanson du crépuscule, la Fin du jour, le Rosaire, Sur deux notes, Clignote, petite étoile, Alice, où es-tu? le Soleil de ton sourire, Tu portais Une tulipe* et un sacré paquet d'autres encore.

Vous allez me demander d'abord comment il s'arrangeait pour aller aux toilettes. Alors voilà, pour ce qu'il appelait la Grosse Affaire, il s'agissait d'attendre les deux heures de pause — une au milieu de la nuit l'autre au déjeuner, quand les choses commençaient à se relâcher un peu. Pour le reste, on lui avait fixé un tube de caoutchouc au Machin et tout cela était relié à un jerricane placé sous le piano et recouvert d'étoffe pour en faire une espèce de décoration, mais il découvrit qu'il n'avait pas trop de mal à se retenir, s'étant pas mal entraîné à jouer dans les cinés avec le ventre plein de bière. Il se nourrissait à mesure, surtout de gâteaux de riz froid que le caffy où je travaillais me cédait à bon prix, des bananes qu'on pelait d'avance pour lui, des tranches de plum-cake et des sandwichs-jambon. Il devint de plus en plus constipé à mesure, comme on peut l'imaginer. Il avalait des comprimés de caféine mais ces derniers le dégoûtèrent du café et le seul liquide qu'il absorbât était le thé froid contenu dans une grande bouteille, avec plein de sucre dedans. Il préférait dormir assis plutôt qu'allongé, et pendant son sommeil ses mains trempaient dans de l'eau savonneuse. Il lui fallait quelqu'un de service en permanence. Quand ce n'était pas Jerry Farfadet, c'était un homme brun et mince mâchonnant perpétuellement une allumette, que l'on appelait l'Assistant. J'y étais aussi souvent que je le pouvais, et parfois Jim ou un autre garçon venait me tenir compagnie. Les recettes du premier jour ne furent que de vingt-cinq shillings et celles du second dans les trente, mais ensuite elles commencèrent à augmenter un peu parce que papa se mit à souffrir et que les gens sont toujours prêts à payer pour voir les gens souffrir. Jerry Franfilou mettait l'argent à la banque tous les jours et montrait à papa le reçu pour le convaincre qu'il n'y avait pas de tripotage.

Papa portait seulement un pantalon et des chaussettes, ses vieilles pantoufles et une chemise de flanelle. Le piano n'était pas si bon que ça, c'était un vieux Mittelberg à queue, mais les touches en étaient d'une grande douceur, de telle sorte que papa n'avait pas à produire un trop gros effort. A la fin du deuxième jour il dit qu'il avait la tête un peu légère et que ses muscles lui faisaient mal et que des cals commençaient à se former sur ses pouces et au bord de ses auriculaires mais pour le reste, disait-il, il avait l'impression qu'il pourrait continuer encore longtemps. Le véritable ennui, dit-il, était que toute cette histoire le dégoûtait peu à peu de la musique. Il ne fut pas long à me demander de lui apporter du coton pour se le fourrer dans les oreilles. On le rasait tous les jours, c'était l'Assistant qui s'en chargeait pendant qu'il dormait, à l'aide d'un grand coupe-chou qu'il gardait toujours dans sa poche, Dieu sait pourquoi. Il l'affûtait sur la semelle de sa chaussure. Mon papa ne sentit jamais rien dans son sommeil. Je lui faisais une toilette de chat avec un chiffon mouillé quand j'étais présente et peignais le peu de cheveux qui lui restait. Quand il s'éveillait, il était prêt à tomber d'un siège dans l'autre. Celui sur lequel il prenait place pour jouer était garni de coussins.

La foule commença d'affluer quand il arriva au QUATRIÈME JOUR. Jerry Forficule avait entre-temps fait installer des projecteurs peu puissants, bleus et verts, dirigés sur lui depuis le sol, et quand les gens entraient ils devenaient très silencieux, certains d'entre eux, comme si papa était quelque chose sur un autel, quelque chose de très sacré ou de sacrément mort, et cela s'accentua encore quand une vieille dame, Mrs Haggerty qu'elle s'appelait comme je devais le découvrir par la suite, se mit pour ainsi dire à vouer un culte à mon papa et à apporter des fleurs, des lys et des œillets blancs. C'était une vieille Excentrique qui vivait seule sans jamais dormir ni manger ; et ce fut comme si mon papa devenait soudain un Sens de la Vie pour elle, elle venait presque tout le temps. Quelques-uns des jeunes vauriens qui échouaient là quand les pubs fermaient, avec des hum-hum et autres commentaires, lui gueulaient des titres à jouer et qu'ça swingue, mais l'Assistant s'approchait et se contentait de les regarder, avec ces yeux horribles qu'il avait, et ça suffisait d'ordinaire à les faire taire. Un soir, entre onze heures et minuit, alors qu'il y avait une foule assez considérable, un homme atteint de ce que l'on appelle la Manie Religieuse entra et se mit à débiter un sermon :

— Craignez la justice de Notre Seigneur et sa juste colère, car Blackpool n'est-elle pas la mare noire de toute iniquité et l'une des Villes de la Plaine où la fornication et l'adultère prospèrent, que l'on devrait écraser sous le feu ou le soufre, et patati et patatras, comme dans la Bible protestante.

Il fut vite jeté à la porte, mais il fut moins facile de jeter dehors un communiste qui s'amena encadré de quatre durs qui avaient tous payé leur entrée en monnaie sonnante et trébuchante et qui démarrèrent avec des Camarades et la méchanceté des Capitalistes, et il y eut même un homme en chemise noire qui dit que mon papa était victime d'un complot juif et que l'unique solution aux Problèmes de l'Angleterre était de flanquer les juifs dehors. La police entra une ou deux fois vérifier la licence d'organisateur de spectacle de Jerry Flonflon et il y eut la visite d'un représentant du Syndicat des musiciens qui voulait savoir si mon papa était dûment syndiqué, ce qu'il n'était pas, mais les syndicats ne possédaient pas en ce temps-là le Pouvoir qu'ils ont aujourd'hui. Les choses que papa joua outre celles que j'ai déjà citées furent les suivantes:

Les beaux jours sont de retour, On the Sunny Side of the Street, Prélude et Fugue en mi bémol mineur de Jean-Sébastien Bach (premier livre de 48, je ne savais pas ce que cela signifiait à l'époque mais je l'ai appris par la suite), *Quand le soleil se couche, Un p'tit dernier avant de prendre la route, l'Hymne des avaleurs de mousse, Daddy Wouldn't Buy Me a Bow Wow (Bow Wow),* le mouvement lent de la *Septième Symphonie* de Beethoven, *Ah, si j'étais resté célibataire, L'amour y pourvoira, Mon cœur est un violon, Little Nelly Jelly, I'm a Yankee Doodle Dandee, Reviens, veux-tu,* la « Chanson de Musetta » de *la Bohème, Maman, y m'fait d'l'œil, Tristesse, Corps et Ame,* un long extrait de *Raspberry in Blue Jars,* un long extrait du *Concerto pour piano numéro 2* de Rakhmaninov (dernier mouvement), un long extrait d'idem, premier mouvement de Greig, *Fous-moi le camp, The Stein Song, Naissance du blues, Chloé, Création originale pour le pouce de la main droite avec pédale forte, Duo pour les auriculaires, le chant du nez* (papa pique du nez et tombe en plein sur le do médian, mais cela se produit juste avant la pause de nuit du CINQUIÈME JOUR), une sélection d'extraits des *Maîtres Chanteurs* de Wagner, le prélude au troisième acte de *Tristan et l'autre là, celle qu'a un nom bizarre* (tout à la main droite et personne n'aurait pu dire qu'il trichait), une *Invention pour la main droite* en triade (la main gauche de papa étant paralysée et hors d'état de jouer et sa main droite prise d'une crampe en position de triade comme des griffes), *Musique pour les monstres* (les poings de papa devenus comme qui dirait fous se déchaînant avec une sorte de faiblesse sur tout le clavier), *Ma Tonquinoise, Souvenir de Noël dernier* (pot-pourri des chansons de Noël les plus populaires), *Dans le jardin d'un temple chinois,* un air de Jupiter dans *les Planètes* de Gustav Holst, *Saint Louis Blues, le Printemps dernier,* de Greig, *Y a une pie Dans le poirier, j'entends la pie qui chante,* et un sacré tas d'autres encore et tout ça par cœur, de mémoire, sans une seule note de musique devant lui.

Le SIXIÈME JOUR, lorsque arriva le moment de ses deux heures de repos, papa cessa de jouer et découvrit qu'il ne pouvait dormir. Il en fut horrifié et il avait d'ailleurs une tête horrible, grise, hagarde, et plus vieille d'une vingtaine d'années que son âge réel. La vieille dame dont j'ai parlé, Mrs Haggerty, avait des somnifères dans son sac, mais papa dit que s'il en prenait il ne se réveillerait plus jamais. L'Assistant proposa de l'assommer d'un coup de poing, mais on considéra que c'était cruel, encore qu'offert par gentillesse. Ce que l'on fit fut de l'imbiber de Bass en bouteille, les pubs étant ouverts, puisque c'était l'heure du déjeuner, à la suite de quoi il s'assoupit un moment, mais il s'éveilla avant la fin de la pause et dit (à ce qu'on me raconta, moi je servais le déjeuner au caffy à ce moment-là) :

– Je n'y arriverai pas, j'ai mon compte, cela me tue, je Hais ce fichu piano, je Hais la musique, combien avons-nous palpé jusqu'ici ?

Jerry Forfilou dit :

– Dans les trente livres en tout, moins ce que nous

avons sorti pour la bouffe et le gorgeon et tout et puis il y a le loyer et la lumière. Un tas de ceux qui viennent prennent le ticket le meilleur marché. La semaine prochaine on augmente le prix. T'auras aucun problème, Billy, si tu y vas mollo et régulièrement, sans en faire trop. Il faut tenir trente jours et tu tiendras si tu t'y prends comme il faut, sans en faire trop.

— Non, je ne peux pas, j'en suis incapable.

— Écoute, tu n'as qu'à t'asseoir tranquillement devant ton piano, poser les coudes sur les touches et vas-y, papa. Lis un bouquin, ou le journal si ça t'amuse, et laisse tes doigts comme qui dirait se balader. T'es trop Artiste, c'est ça qui ne va pas.

Mais papa était bel et bien un Artiste à sa manière. Il ne pouvait s'empêcher de vouloir jouer correctement, comme si les badauds qui venaient le zieuter en gobant les mouches connaissaient la différence entre ré majeur et allegretto non troppissimo. Ça lui faisait mal de jouer une fausse note quand il savait qu'il était pour ainsi dire le centre de l'attention plutôt qu'un simple Machin accompagnant quelque chose d'autre. En un sens il était en train de devenir ce qu'il avait cru ne pouvoir jamais être, non plus un pianoteur mais un Pianiste, le pauvre malheureux. A l'heure du déjeuner, ou juste avant, avant de prendre mon service au caffy, je me rendis sur place pour voir comment il s'en tirait et le trouvai très vieux, tout gris et hagard sur son siège et il me dit :

— Ma fille, faut qu't'ailles me chercher de la musique. Paye avec tes sous, on te remboursera plus tard, y a forcément une boutique de musique qui a ce que je veux.

— Dis donc, je n'aime pas beaucoup l'allure de tes mains, dis-je.

Elles étaient très enflées et du sang sortait de son pouce droit, au bord de l'ongle, là où il avait été enfoncé.

— Tu prendras, dit-il, toutes les sonates de Beethoven et tout le 48 de Bach et les partitions vocales de tous les Wagner si tu peux. Il faut que je trouve quelque chose à faire pour ma cervelle pendant que mes doigts travaillent ou je vais devenir complètement fou.

Et bon, je fis le tour de toutes les boutiques de musique de la promenade, et c'était partout les derniers succès de Lawrence Wright par Horatio Nichols et on me disait :

— Bache, mon petit ? Non, on n'a pas ça. On a que du dernier cri ici.

Mais il y avait un grand magasin de pianos, Kemp's, où l'on me déterra quelques vieux machins en lambeaux, avec Beethoven et un volume du 48, ce qui en faisait le 24, et aussi la partition des voix de *l'Or du Rhin* et celle du *Crépuscule des dieux* (« C'est la première fois qu'on me demande ça, ma jolie », dit un très vieil homme qui sentait les pastilles de menthe), et je les remportai en trombe à mon papa qui était à son piano dans une espèce d'hébétude, ses doigts allant et venant comme une machine, plaquant des accords. Ses mains allaient mieux, cependant, ayant été trempées dans l'eau savonneuse et ses ongles ayant été coupés par l'Assistant qui avait une paire de ciseaux très aiguisés dans sa poche avec le coupe-chou.

Ainsi mon père eut son Bach et joua le volume du début jusqu'à la fin, sans se soucier le moins du monde que ça plût ou non à quiconque. Puis il passa au Beethoven, en en massacrant une bonne part sans que personne le remarquât, et puis il passa à Wagner (pas Ouagner, Vaaagner parce que c'est un Allemand), qui ne signifiait pas grand-chose pour quiconque ne lisait pas les paroles, lesquelles étaient en allemand de toute façon. Le HUITIÈME JOUR, Jerry Fouillefol déclara :

— Va falloir y aller mollo sur les grands classiques, Billy, parce que la clientèle apprécie pas trop. Si tu veux des partitions, je peux t'apporter des choix populaires comme *la Chanson du désert* ou *le Prince écolier* et tout ça, pas de problème, inutile de remercier, mais laisse tomber la grosse artillerie, compris ? T'es un chic type.

Il ne fait aucun doute que le Marathon de papa attirait les foules, mais c'était l'horreur de la chose qui en fascinait plus d'un, papa avait une mine épouvantable, et il y eut un docteur pour lui rendre visite, bien brave, le bonhomme, puisque personne ne lui avait rien demandé, il écouta le cœur à papa avec ses écouteurs, puis jeta un coup d'œil à ses mains et recommanda de les frotter avec de la colophane à violon afin de les durcir (ce fut pendant qu'il ronflait comme un bienheureux, vraiment épuisé), mais il dit croire que papa ne tiendrait pas le coup longtemps. On était au DIXIÈME JOUR, au tiers du chemin seulement, et papa jura en s'éveillant qu'on devait en être au moins au vingtième, qu'on lui racontait des blagues, et il pleura parce qu'on se moquait ainsi d'un vieil homme malade et fatigué et je ne sus que faire ou que dire. Il y avait autre chose : le Jerry Filaplomb se faisait un peu vague à propos de la somme qu'on avait ramassée, et il dit que c'était loin d'être suffisant et moi je lui dis qu'une centaine de livres pour nous était tout ce qu'il fallait, mais il se contenta comme qui dirait de ricaner et répéta que c'était loin d'être suffisant.

Papa en était revenu à toutes sortes de pièces faciles, il lui arrivait de geindre et de marmonner de vagues menaces et des prières en jouant, le dos et les bras très raides, mais ses poignets et ses doigts tenaient le coup, durs comme le fer qu'ils étaient, désormais, ses doigts à l'extrémité. Il rejoua tout ce qu'il avait déjà joué et il joua aussi *la Mort du cygne, Comme ils sont beaux tous ces grands seigneurs, Il y a des fées au fond de notre jardin, J'aime la lune, The Golliwog's Cakewalk, le Grand Bal des rouleurs de mécanique, Demande et Réponse, l'Au revoir de Tosti,* des petits bouts du *Lac des cygnes* et de *Coppélia,* l'ouverture de *Poète et Paysan,* un choix de valses viennoises, *Au cœur de la forêt quelque chose a remué, Où butinent les abeilles je butine, la Mort de Nelson, Je dors loin du bord, Chut, chut, tout le monde s'en fiche que Christopher Robin soit tombé dans l'escalier, Trois Bérets verts, Dites bonjour à Broadway pour moi, Mr Flanagan et Mr Sheen,* le premier mouvement de la *Sonate au clair de lune* interprété comme un très lent et long fox-trot, *Trumpet Voluntary* de Purcell, *la Plus Belle de toutes les îles, Quand on me mettra en terre,* l'*Hymne à la joie* de Beethoven, avec des variations libres, de Chopin les valses en mi bémol, la bémol, ré bémol et do dièse mineur, une sélection populaire des thèmes des quatre symphonies de Brahms, et Dieu sait quoi encore. *Félix continuait d'avancer, Lève la queue, petit cheval, Valence, terre d'orangeraies* et *Doux agnelets, l'amour de moi s'y est enclose.* A l'infini, c'est seulement ma mémoire qui me fait défaut.

Le soir du QUINZIÈME JOUR fut une horrible affaire

qui commença comme un Cauchemar. Il vint un autre communiste, bien mieux élevé que le précédent, qui se lança dans un discours affirmant que mon papa constituait un horrible exemple d'Exploitation par les Classes Dirigeantes, Est-ce là une façon décente de gagner sa vie, il n'aurait pas eu à le faire si les Moyens de Production avaient été Convenablement Répartis.

Papa dit :

– Merci, je ne savais plus du tout quoi jouer.

Et il se mit à jouer *le Drapeau rouge,* et même à le chanter :

Le drapeau du peuple tout ensanglanté
Nous rappelle la mort de nos camarades
Les riches se tapent des putains de gigots
Pendant que les putains de pauvres se la sautent
Tandis que sous le ciel de Russie
Tous les prolos bouffent du caviar
Et s'ils disent que ce n'est pas bon
On les raisonne à coups de bâton

C'étaient évidemment des paroles qu'il inventait au fur et à mesure et nul ne les entendait vraiment, ce qui valait peut-être mieux avec tous ces « putain » qu'il avait mis dedans. Nul ne l'entendait vraiment parce que Maggie Paramour était entrée, jambes et tout, la revue venant de se terminer et qu'elle vociférait :

– Arrêtez, arrêtez, faites-le arrêter, il est en train de se tuer, et tout ça pour moi, arrête, Billy, arrête, s'il te plaît, S'IL TE PLAÎT.

Papa ne parut guère savoir qui diable elle pouvait bien être, mais il lui adressa une espèce de grognement et plaqua quelques méchants accords avec une grande faiblesse. L'homme qui prononçait son discours tenta de la noyer en criant plus fort :

– Voilà bien une Supposition Bourgeoise typique, comme si les Épiphénomènes personnels tels que ce qu'elle appelle Amour avaient quoi que ce soit à faire avec les vraies questions qui sont la Lutte des Classes et le combat pour l'Appropriation des Moyens de Production (merci, Rolf).

– Moi, dit-elle très fort mais très grande dame, je m'appelle Maggie Paramour et l'on peut me voir dans les Cocoricos sur la jetée centrale tous les soirs sauf dimanche, matinée tous les jours, et j'ignore qui vous êtes, jeune homme, mais vous êtes manifestement ignorant sinon vous sauriez que l'Amour est un Phénomène Commun et pas comme vous dites, là. Alors ne venez pas mettre votre affreux gros nez dans cette affaire qui est une histoire entre Artistes dotés de Sentiments. Arrête, Billy, poursuivit-elle, cela ne vaut pas le coup de te tuer comme ça pour moi. Je sais que tu m'aimes désespérément mais j'appartiens à Un Autre et cela ne vaut pas le coup, Billy.

Alors Mrs Haggerty s'en prit à Maggie en hurlant :

– Quelle audace ! De quel droit venez-vous faire étalage de votre corps et de vos émotions vulgaires devant cet Homme Crucifié, créature vulgaire que vous êtes ?

Tout ça était ridicule, et moi j'en étais le témoin auditif et oculaire, ce jeune homme un peu boutonneux poursuivant sa tirade sur les Travailleurs du Monde pour dire que les joueurs de piano en faisaient partie, bien qu'ils ne produisent rien, les vrais travailleurs étant les facteurs de piano, mais la Musique appartenant à la Superstructure (merci, Rolf) aura donc droit de cité dans l'État des Travailleurs, tandis que la vieille dame et Miss Legs Paramour en venaient comme qui dirait aux griffes, la foule n'en perdant pas une miette et Jerry Fouillafond laissant faire, tout ça, c'était du show-biz et l'Assistant guettant l'ordre de dégainer son rasoir ou ses ciseaux et mon papa, lui, il jouait, pendant ce temps-là, rien que des espèces d'accords faiblards comme un Accompagnement à ses grognements et ses gémissements, et voici qu'il s'effondra avec un bruit terrible et glissa hors de son siège, sa tête retomba sur les touches, produisant une horrible dissonance : il était évanoui, ce qui s'appelle évanoui. Quelqu'un cria dans la foule :

– Il est fini, il n'a pas réussi, son Marathon est à l'eau.

Mais quelqu'un d'autre s'écria d'une voix très Cultivée :

– Non, non, non, il s'agit d'une Authentique Discordance, inversion de l'accord mystique du *Poème d'extase* de Scriabine avec quelques notes additionnelles. S'il tient l'accord, il est toujours en course.

Ce que Jerry Fenlafoule et l'Assistant firent alors, et je ne sus si je devais ou non les aider, fut de saisir papa pour lui administrer comme qui dirait une petite raclée et il revint à lui, en disant Qui Que Quoi, et ils le firent rasseoir bien droit sur son siège et il parut savoir ce qui se passait parce qu'il posa les mains sur le clavier et plaqua un véritable accord, puis s'évanouit jusqu'à ce que l'accord eut presque cessé de vibrer et il le plaqua de nouveau et de nouveau s'évanouit. Ça vociférait désormais de partout, c'était des il est fini arrêtez ça c'est de la cruauté et des continuez et des appelez un médecin et des que fait la police et des c'est la faute au Système Capitaliste Camarades et des Oh Billy Billy tu me brises le cœur. Et puis, comme s'il lui avait seulement fallu une seconde ou deux au pays de Jamais-Jamais pour en être revigoré et paré à toute éventualité, papa revint à lui, se redressa, sourit à tout le monde y compris Maggie, quoiqu'il semblât bien ignorer qui diable elle pouvait être, puis il plaqua un tas d'accords très modernes, très clairs et comme qui dirait bien détachés et dit :

— Mesdames et messieurs, pour la première fois de l'histoire je présente sans supplément un opéra que j'inventerai au fur et à mesure. Nous appellerons l'opéra — ah, ah, aha — nous déciderons du titre après l'ouverture, que voici, en avant, silence tout le monde.

Et Dieu m'est témoin qu'il se lança dans un joli morceau sonore avec des accords menaçants et de jolies mélodies tintinnabulantes, suivi d'une marche et d'une coda, quelque chose d'absolument nouveau, que personne n'avait encore entendu, et que tout le monde écouta bouche bée.

— Et le nom de l'opéra est, dit mon papa, et l'on voyait bien qu'il ne savait pas encore ce qu'il allait dire en arrivant à est, *les Destructeurs*. Prélude avant le lever de rideau.

Et il se remit à jouer, roulements des graves et arpèges dans les aigus.

— Le rideau se lève, dit-il, sur une rue d'une ville moderne pleine d'hommes et de femmes au chômage qui chantent en chœur à ce propos.

Et papa entreprit d'inventer ce chœur avec les paroles et tout :

Comment vivrons-nous?
Si nul ne nous
donne de l'ouvrage.
Nos enfants et nous,
comment vivrons-nous
sans ouvrage?

Mon cerveau ne me permet pas de me rappeler le tout, mais il semblait bien que papa revînt à la vie parce que son cerveau à lui faisait enfin quelque chose. Il arracha les tampons d'ouate de ses oreilles tandis que les policiers montés qui venaient d'intervenir entonnaient quelques mesures sans aucun accompagnement:

Circulez,
Au nom de la loi!
A quoi ça sert, tout ça?
Vous nous croyez faits de quoi?
De paille?

Venait ensuite un duo entre deux jeunes amants au chômage qui allaient avoir un enfant et se demandaient quel genre de monde allait connaître ce pauvre bambin. Papa faisait la voix aiguë sans aucun effort, comme si elle lui avait été enseignée tout spécialement pendant ses deux secondes d'évanouissement. Puis, vers la fin de ce qu'il me faut bien appeler le premier acte, les travailleurs décidaient d'incendier la maison d'un patron d'usine, mais c'est alors que s'amenait un barbu aux cheveux longs dont on devinait facilement qu'il était en fait Notre Seigneur et qui leur chantait un truc sur la Paix et sur l'intercession de Notre Père

Céleste et la nécessité d'Aimer leurs Ennemis. Le chœur ne veut rien entendre et l'invite à s'aller faire voir mais il se tient devant eux et dit vous avez faim, alors voici un Miracle, et là il y a une espèce de chant croisé entre lui et les travailleurs, qui pensent avoir entendu Maquereau :

Du maquereau, du maquereau, on va manger du maquereau
Par Ma Croix, par Ma Croix j'ai parlé d'un miracle

Et de fait, une pluie de maquereaux tombe alors du ciel mêlée de miches de pain frais et tandis que l'un des travailleurs hurle, c'est une Ruse Capitaliste, Camarades, les autres s'agenouillent la bouche pleine et chantent :

Nous croyons en Lui
Qui arrangera tout
Notre vision est floue
Mais sa céleste lumière luit
Faut croire
Qu'il faut croire
En son céleste pouvoir

Puis le rideau était censé tomber.

De toute votre vie avez-vous jamais entendu quelque chose de plus fou que ce truc-là ? Moi, certainement pas. Papa eut même droit à une salve d'applaudissements après le premier acte et nul ne vit d'inconvénient à ce qu'il prît après cela une minute de repos, disant :

— On se tape un entracte d'une demi-heure dans un vrai opéra, alors est-ce que quiconque a quelque chose à redire ?

Mais personne n'avait rien à redire. Puis il attaqua l'acte deux, les dirigeants des Patrons et des Communistes tentant d'attirer Notre Seigneur de leur côté, mais Il dit que la réponse est l'Amour et non la Politique. Alors les deux bandes se mettent à Le détester, les Communistes parce qu'Il enseigne aux chômeurs la Paix et l'Amour et les Patrons parce qu'Il dit qu'on n'a pas besoin d'Usines ni d'Industries, nul n'ayant besoin de grand-chose en dehors de la Paix et de l'Amour, d'un quignon de pain et d'une goutte d'eau, avec par-ci, par-là un céleste maquereau. Puis à la fin du deuxième acte on annonce la Guerre et il va y avoir des tas d'emplois désormais dans les constructions navales et la fabrication de tanks et d'avions, si bien que les travailleurs se réjouissent à grands cris et refusent d'écouter Notre Seigneur lorsqu'Il parle de Paix et d'Amour :

L'Amour et la Paix
Tu te les mets
L'Amour et la Paix, tu te les mets au

Mais papa ne chanta pas le mot, il en fit une espèce de grognement accompagné d'un accord dissonant. Et tout à la fin de l'acte naît le bébé des deux amants et Notre Seigneur est vachement en rogne qu'il soit né dans un monde de Haine et de Destruction, et ça finit comme ça.

Au dernier acte, il y a la Guerre et tout le monde est bien content mais Notre Seigneur dit Aime tes Ennemis. Alors un vieux juif s'amène et se met à chanter :

Je suis juif
Autant que toi
Je suis juif et quand je vois
Détruire mon peuple
Comment faire pour m'empêcher
D'en détester le boucher?
Cherches-tu à mettre à bas
La justesse de ce combat?
C'est bien ça, juif dénaturé?
Ma foi, ma foi, ma foi
Tu mérites ce qui t'arrivera

Évidemment, c'est Judas en réalité, et il va dénoncer Notre Seigneur aux autorités qui l'arrêtent pour avoir prêché la Haine alors que c'était l'Amour bien sûr, et on Lui fait Son procès avec un juge et un jury et le verdict est que c'est Lui-même l'Ennemi qui doit être mis à mort et pour finir on L'emmène à la potence, en réalité à la croix. Mais à l'instant de mourir, Il s'écrie Aime tes Ennemis. Papa tira tout ça de sa tête, jouant les personnages avec des voix différentes et faisant sonner le vieux piano comme un véritable orchestre. Et quand ce fut fini, vers les quatre heures du matin, tout un tas de gens étant restés en proie à une manière de fascination, il rayonnait, tout joyeux et prêt à débiter un autre opéra si quiconque en avait envie. Le joueur de piano n'était pas devenu pianiste, il était devenu Compositeur, mais aucun des mots ni aucune des notes qu'il avait inventés ne purent être écrits et en ce temps-là il n'existait pas de machines du genre du truc dans lequel je cause par un après-midi d'été à Callian, dans le Var, en France.

Ce qu'il annonça qu'il allait faire ensuite était la composition de dix symphonies. Beethoven n'en avait fait que neuf, il en ferait une de mieux. Il était cinq heures du matin, et il estima qu'il pourrait les avoir composées toutes les dix vers le milieu de la journée, avant de prendre ses deux heures de repos. C'est alors que je regagnai la piaule, me sentant très fatiguée et décidée à ne pas aller travailler le lendemain matin pour le petit déjeuner, et je possédais ma propre clé pour entrer. En réalité, c'était la clé de papa et pourtant papa n'était plus là. Il avait rendu sa chambre et ses bagages étaient dans la mienne. Cela me fit vaguement frissonner : c'était comme si papa n'avait plus d'existence réelle, une vraie personne étant quelqu'un qui possède un lit sur lequel se laisser tomber, comme je me laissai tomber sur le mien. Le plus rigolo fut que je m'éveillai en pleine forme à huit heures, à croire que mon papa avait comme qui dirait fait des miracles sur moi et je passai le voir avant d'aller au travail et le trouvai en pleine septième symphonie, exécutant un passage pour violoncelles et double basse de la main gauche tandis qu'il sirotait un peu de thé et grignotait un gâteau de la droite. Il était très gaillard mais semblait très vieux et avait beaucoup maigri et il paraissait avoir perdu la quasi-totalité de ses cheveux, devenus d'ailleurs absolument gris désormais. Jerry Failafolle était là avec des tas de journaux, et pas seulement les journaux locaux mais des grands comme le *Mail* et l'*Express*, et tous contenaient un bout d'article, pas grand-chose, et toujours comme qui dirait à la blague, sur le Marathon de papa. Mais Jerry Flonflon secouait la tête et souriait d'étrange manière, et l'Assistant mâchonnait son allumette sans laisser paraître aucune expression. C'était comme s'ils avaient su que papa ne pourrait pas tenir trente jours.

J'essayai de ne pas penser à papa du tout pendant le reste de la journée, cela m'inquiétait trop et bien que n'étant à vrai dire qu'une enfant, il me semblait que j'avais le droit de m'amuser et d'avoir une vie à moi, et je sortis avec Jim ce soir-là. Nous retournâmes voir *Broadway Melody,* à croire qu'on allait le passer tout l'été à Blackpool cette année-là, et quand nous reprîmes à pied le chemin de la piaule, après avoir mangé du poisson et des frites dans du papier sulfurisé lui-même emballé dans *News of the World*, avec plein de sel et de vinaigre dessus, moi m'essuyant les mains au grand mouchoir blanc de Jim, nous nous chantions l'un à l'autre :

T'étais faite pour moi
J'étais fait pour toi
La nature t'a faite et quand elle a fini
T'étais tout ce qu'il y a de doux en un tout réuni

Je dis :

– Faudra pas faire de bruit du tout en entrant.

Il dit :

– Comme deux toutes petites petites souris.

Et puis nous nous retrouvâmes sur le lit dans ma chambre et c'était plutôt risqué et il dit :

– Je t'aime.

Je ne dis rien, mais ce qu'il y avait de rigolo, c'est que j'étais désormais capable de le trouver à mon goût dans ce domaine, alors que je ne m'y serais jamais attendue. Il m'embrassa avec douceur et puis un peu plus férocement et sa main venait d'entrer sous ma jupe pour caresser le morceau de ma jambe là où le bas finissait quand je m'assis brusquement sur mon séant en disant :

– Il s'est passé quelque chose.

– Il s'est rien passé du tout, dit-il, un peu agacé.

Et puis, tandis que je me relevais pour enfiler mes souliers, il ajouta :

– Comment ça, il s'est passé quelque chose ?

– C'est papa, dis-je. Je viens d'avoir un pressentiment, là. Il faut que j'aille le voir.

– Tu vas voir qu'il va très bien, dit-il, mais il n'en était manifestement pas très sûr, les femmes ayant en général raison lorsqu'elles ont le pressentiment de quelque chose.

– Peut-être qu'il va très bien et peut-être pas. Mais j'ai eu un pressentiment, il faut que je le retrouve avant qu'il lui arrive quelque chose.

Il renauda bien un peu comme tous les hommes lorsqu'ils croient qu'ils vont avoir leur Pitance et puis qu'ils en sont privés brusquement, mais il se leva pour descendre avec moi et j'eus le sentiment que je devais me dépêcher.

J'avais raison.

Il y avait une grande foule devant l'endroit où papa jouait mais on n'entendait pas jouer papa. Mais je vis papa que transportaient sur une civière deux hommes en blouse blanche et quand le tram qui venait de s'arrêter là fut reparti (non sans que les passagers, le conducteur et le receveur eussent bien badaudé), je vis qu'une ambulance était là et qu'on mettait papa dedans. Je fendis la foule et faillis frapper une femme d'un certain âge au chapeau fleuri qui disait que jamais il n'aurait dû être assez bête et que ce genre d'imbécile, il en naissait un toutes les minutes. Et je hurlai :

— Je suis sa fille, comment va-t-il ?

Tous secouèrent la tête et puis parut Jerry Feufilou qui secouait la tête aussi et l'Assistant qui mâchonnait son allumette sans secouer ni hocher la tête aucunement.

Onze

Naturellement mon cœur se brisa quand le médecin vint nous retrouver Jim et moi dans la salle d'attente de l'hôpital et s'arrangea pour nous dire avec le nez qui s'allongeait qu'il n'y avait rien à faire. Puis ce fut :

– Le cœur a lâché. Il était totalement épuisé. Il n'aurait pas dû faire ça.

– Est-ce qu'il avait le choix ? dis-je. Il avait besoin de cet argent. Lui et moi, on devait partir pour les États-Unis.

Puis je me mis à pleurer, ce qui était bien naturel. Jim essaya très maladroitement de me passer comme qui dirait le bras autour des épaules, mais le médecin semblait sévère comme s'il avait su, et d'ailleurs il le savait, en quelque sorte, que j'étais trop jeune en fait pour ce genre de choses. Au milieu de mes pleurs j'étais aussi très en colère, parce que je me retrouvais orpheline et que papa aurait dû avoir la jugeote de comprendre la situation dans laquelle il m'abandonnait. Puis Jerry Filflou (son vrai nom était Jeremie Feldfloh, comme je devais le découvrir plus tard ce jour-là, alors qu'il était déjà minuit passé) s'amena tout seul dans un taxi pour apprendre la triste nouvelle et dit :

– Il ne pouvait pas réussir. Il doit avoir battu le record pour l'Angleterre mais ce n'est pas ça qui l'intéressait. Pauvre vieux, c'était un grand bonhomme à sa manière, ce type. Bon, il y a assez de sous pour son enterrement si on se contente de faire ça à l'économie – très froid et sans cœur, qu'il a dit ça.

– Plus qu'assez, me semble-t-il, dis-je.

C'était terrible de parler d'argent alors que mon père reposait, mort, à quelques mètres de là, mais c'est la nature humaine. Quand les gens sont morts ou mourants, la grande idée de tout le monde, c'est toujours les sous ; combien qu'ils auront, combien qu'ils devront dépenser, la perte du Soutien de Famille, et tout le tralala, la vie qui doit continuer, la nature humaine, comme j'ai dit.

– Il se pourrait bien qu'il y ait plus qu'assez, dit Jerry Farfouillis, mais je ne peux pas te le donner, si c'est à ça que tu penses. Tu n'es pas en âge, et toute somme devrait être consignée jusqu'à tes vingt et un ans, mais je crois que tu découvriras quand l'enterrement aura été payé qu'il ne restera pas de quoi faire une histoire. Il aurait dû s'assurer, mais la prime aurait risqué d'être sacrément grosse. Tout ça est bien dommage et que va-t-il désormais t'arriver, à Toi ?

– J'ai une tante, dis-je, et deux cousines. Elles sont à Manchester. Il va falloir que j'y aille, j'imagine.

– Et où faut-il l'enterrer ?

– Au cimetière de Moston, je pense, avec ma mère.

– Envoie-moi la facture, alors. (Ce que je fis, mais la lettre m'est revenue avec « inconnu à cette adresse ».) Pauvre petite. Mais t'as du cran, ça se voit. Tu t'en tireras.

Et, de fait, je m'en suis tirée, et je m'en tire encore. Le reste de ce livre est ma propre histoire et on peut se demander ce qu'elle a à voir avec le titre, mais elle a beaucoup à voir justement en un sens pour les gens qui sont prêts à se servir de leur imagination. Je fis mes adieux à Jim et à tout le monde à Blackpool mais alors que je croyais faire mes adieux à Mrs Haggerty qui vint prendre son déjeuner au caffy et aussi m'y voir parce qu'elle savait que j'y travaillais, elle me dit :

– J'ai des responsabilités, ma chère. Je vais vous accompagner, toi et le corps de ton pauvre père, par le train de Manchester et je prendrai toutes les dispositions nécessaires, ma pauvre petite orpheline. Je te confierai à ta tante. Je vais descendre au Midland Hotel pour m'assurer que l'enterrement a lieu avec le faste qui convient pour un si Grand Homme.

Et dans le train elle me raconta ce qu'avait été le dernier morceau de musique de mon pauvre papa avant l'effondrement final. Elle dit :

– Ton père se mit à jouer un morceau de musique dont j'étais certaine qu'il était de lui et dont j'étais également certaine que nous l'entendions tous pour la première et la dernière fois. Je suis également convaincue que la musique, si tu me comprends, provenait d'une source peut-être divine ou peut-être diabolique mais certainement pas de ce monde. Ceux qui l'écoutaient étaient pris par le charme et un peu effrayés. Il y avait là un homme qui dit être musicien de profession venu participer au jury du festival de musique de Blackpool. Il dit que cette musique était entièrement originale. D'après lui elle était totalement moderne, avec pourtant quelques indications de ce que l'avenir pouvait renfermer. Il dit qu'elle s'enfonçait aussi profondément dans le passé, mais un passé que l'histoire n'avait pas enregistré. Il dit que c'était terriblement dommage qu'il n'existât pas d'appareils permettant d'enregistrer cette musique sur place, car il savait qu'une fois jouée, elle serait perdue à jamais. C'était dans l'ensemble une musique remarquable. Éthérée, elle n'avait pourtant rien de faible ni de moribond. C'était la Musique des Sphères.

Je demandai à Mrs Haggerty si elle voulait bien mettre cela par écrit pour moi parce que autrement je ne me le rappellerais pas. Et elle le fit. Et je l'ai sous les yeux, et j'ai dû interrompre la dictée de mon histoire pour aller à mon appartement de Cannes le chercher.

Ma tante ne fut pas contente de me voir, pas plus que je ne fus contente de me retrouver dans ma chambre d'autrefois qui n'avait pas changé en plus de dix ans, dans laquelle j'avais eu des cauchemars et où se trouvait toujours au mur l'image intitulée Attention ! On me renvoya à l'école, externe au couvent du Sacré-Cœur, et je n'avais pas idée de ce que je pourrais bien faire quand j'atteindrais mes quatorze ans et quitterais le collège. Mais j'étais tout juste à une semaine de mon quatorzième anniversaire, au milieu de février, et il faisait un temps à geler un singe de bronze, lorsque nous reçûmes la visite d'une religieuse. Elle était belge et très grande et belle et s'appelait sœur Marthe. Elle nous apprit que son couvent, un peu en dehors de Bruxelles, désirait recevoir des jeunes filles intéressées à Compléter leur Éducation en Belgique. Elles y apprendraient le français et y recevraient un Bagage Vraiment Adéquat pour la Grande Bataille de la Vie. Elle parlait l'anglais le plus charmant et possédait un très doux et beau visage. Elle dit que les jeunes filles intéressées devaient obtenir la permission de leurs parents ou parent ou tuteurs ou tuteur et la présenter par écrit en même temps qu'une lettre de demande personnelle et une photographie récente. Tout cela pouvait être remis à notre maîtresse en classe et la Candidature serait Transmise. Puis les candidates retenues seraient avisées de ce qu'il leur faudrait faire ensuite. Et maintenant, prions.

J'écrivis en joignant ma photo et la réponse dit que je devais être Munie d'un Passeport Valide et qu'un groupe quitterait Londres le 1er mai. Les jeunes filles devaient se présenter à Mme Giroux à l'hôtel Armorica dans Southampton Road, WC 1, la veille, prêtes à partir de la gare de Victoria très tôt le lendemain matin. Comme on le comprendra, ma tante se précipita pour retirer une demande de passeport. Elle m'accompagna au premier train qui joignait la gare de London Road à celle de Euston et j'atterris dans cet hôtel avant toutes les autres filles. Elles étaient environ une vingtaine, il n'y avait personne d'autre de notre école et seulement deux filles de Manchester, tout le reste du groupe venait des quatre coins du pays. Je me mis en tête que de tels groupes partaient chaque mois et que ce devait être un rudement grand couvent. Il y avait une fille très laide avec des lunettes et une horrible maladie de peau ainsi qu'une jambe plus courte que l'autre et il s'avéra qu'elle avait envoyé une photo de Miss Walthamstow, sa voisine, qui avait remporté le premier prix dans un concours de beauté.

Mme Giroux, qui se révéla l'Agent à Londres de sœur Marthe – comme on disait – fut parfaitement gentille avec cette fille mais lui dit de rentrer chez elle en lui fournissant le tarif de l'aller retour, parce que l'on regrettait mais elle ne faisait pas Vraiment l'Affaire. Cette Mme Giroux parlait elle aussi l'anglais le plus charmant. La fille retourna donc en pleurant à Walthamstow et l'on n'en parla plus.

Le reste d'entre nous passa la nuit à l'hôtel, quatre filles par chambre et, au matin, nous nous connaissions assez bien, toutes bonnes catholiques que nous étions, de quatorze à seize ans plus ou moins et, pour certaines, fort jolies, car nous avions dîné ensemble la veille et pris ensemble notre petit déjeuner le matin très tôt, avec, entre les deux, l'occasion de bavarder et de rigoler un peu. Puis nous prîmes l'autobus pour la gare de Victoria où nous prîmes le train de Douvres où nous attendait sœur Marthe en compagnie de deux autres filles, des dernières minutes pour ainsi dire, et nous embarquâmes pour Ostende. Nous dûmes toutes faire voir notre passeport tout neuf et rigolâmes encore un coup parce qu'on nous parlait en français. Puis il y eut le train pour Bruxelles, grande ville charmante pleine de pots de chambre en chocolat et le Mannequin Pisse, qui est aujourd'hui la capitale du Marché commun. Nous arrivâmes au couvent dans les faubourgs de Bruxelles juste à temps pour un vrai thé à l'anglaise, avec sandwiches et petits gâteaux, et, après le thé, on nous conduisit au dortoir. Le soir, la mère supérieure vint nous faire une petite allocution. C'était une femme d'une grande beauté qui parlait l'anglais le plus charmant. Elle portait aussi des talons hauts, ce que j'avais toujours cru interdit aux religieuses, mais peut-être qu'en Belgique c'était différent. Elle dit :

— Mes chères enfants, il existe bien des manières de servir Notre Seigneur. Certaines le servent en renonçant au monde et d'autres en se vouant au monde. Quand nous entendons parler du Monde, de la Chair et du Démon, il ne faut pas penser qu'il s'agit d'une seule et même chose. Le Monde est le Monde de Dieu, pas celui du Démon, et la Chair a été créée par Dieu lui-même. Le Monde comme la Chair offrent des plaisirs qui nous éloignent de Dieu, mais ils offrent aussi des plaisirs qui nous rapprochent de lui. Il est de certaines expériences que nous pouvons éprouver dans la Chair qui sont une Image de l'Extase que nous connaîtrons Éternellement au Paradis. Je songe aux beautés de l'Art et de la Musique, je songe aux Étreintes de l'Amour Licite.

Quand elle dit cela, certaines des filles devinrent toutes rouges mais d'autres auraient bien rigolé, mais elle était si calme et si belle et si sérieuse que c'eût été comme de rigoler à la Sainte Messe.

— Je vous dis tout cela, mes chères enfants, poursuivit-elle, afin que vous sachiez à l'avance le genre de Philosophie Chrétienne que vous allez apprendre ici. Beaucoup sont appelées, comme l'a dit Notre Seigneur Son Saint Nom Soit Béni, mais peu sont élues. Ainsi des nombreuses qui ont été appelées ici chez nous seules quelques-unes seront élues pour le Travail Spécial et Sacré qui attend dans le Monde à l'extérieur de ces Murs. Et donc certaines nous quitteront au bout de peu pour entamer ce travail, tandis que d'autres nous quitteront pour retourner d'où elles viennent, et nulle n'aura de regrets puisque toutes auront appris quelque chose. Et maintenant, prions Notre Seigneur Béni Soit Son Saint Nom, pour qu'il nous guide et accorde sa bénédiction à notre Entreprise.

Elle se tourna alors vers l'autel, car c'était dans la chapelle du couvent qu'elle nous parlait, et nous nous agenouillâmes toutes avec nos bas tout neufs.

Ça bavarda énormément cette nuit-là au dortoir après le dîner, qui fut très bon et très français, arrosé de vin, toutes les conversations portant sur ce qu'avait voulu dire la mère supérieure, et nous commençâmes à savoir de quoi il retournait le lendemain matin après notre petit déjeuner à l'européenne, lorsque nous eûmes ces fameux Entretiens. Mon Entretien à moi eut lieu non avec une religieuse mais avec une dame très élégante et bien habillée qui dit venir d'Anvers ou Antwerp et qui parlait fort bien l'anglais mais avec l'espèce d'accent houlàlà qu'affectait Maggie Paramour. Elle dit :

— Avez-vous des liens familiaux très forts en Angleterre ?

— Non, miss.

— Vous pouvez dire non, madame.

— Non, madame. Si vous voulez dire par là qu'il y a en Angleterre des gens qui tiennent à moi, m'aiment ou désirent m'y voir revenir, la réponse est non. Je suis orpheline et n'ai qu'une tante et deux cousines qui ne m'aiment pas et me considèrent comme un Enquiquinement.

— Par conséquent si l'on peut vous trouver un travail en Belgique ou en France, vous seriez prête à l'accepter ?

— Quel genre de travail, madame ?

Elle poussa comme qui dirait un soupir et joignit les mains et elle avait aux doigts les bagues les plus coûteuses et les plus ravissantes.

— Il s'agit d'un bon travail, et d'un travail intéressant pour des filles réellement faites pour ça. Disons qu'il s'agit de Divertissement. Avez-vous la moindre idée de ce qu'est l'industrie du Divertissement?

— Vous voulez dire la chanson, la danse et tout ça? Parce que ma mère était danseuse et chanteuse et mon pauvre père était joueur de piano...

— Vous voulez dire pianiste?

— Non, madame, joueur de piano. Mais je n'ai pas de dons en ce domaine.

— Ma foi, il est d'autres manières de divertir. Par exemple, on peut bavarder pendant le dîner avec des messieurs de bonne famille. On peut se montrer bonne pour des messieurs esseulés, on peut faire le don de sa Jeunesse et de sa Beauté à des messieurs qui en ont besoin, me fais-je bien comprendre?

— Voulez-vous dire être une Prostituée?

Elle fut comme qui dirait horrifiée d'entendre ce mot dans ma bouche et ses bagues firent des tas d'éclairs dans la lumière électrique qui était allumée parce que la matinée était bien sombre pour ce début de mai et annonçait la pluie. Elle dit:

— C'est là une chose bien épouvantable à dire et vous devez chasser de votre tête tout souvenir d'avoir jamais prononcé ce vocable épouvantable entre tous. Non, non, ce mot évoque les plus dégradées des créatures qui vont par les rues vendre leur corps à qui est prêt à payer. Jamais, au grand jamais, vous ne devez penser que j'avais en tête une chose pareille. Dites-moi, *mon enfant,* êtes-vous Vierge?

Je connaissais le mot, comme j'ai déjà dit, ayant été élevée dans la religion catholique, mais je ne l'avais entendu utiliser dans la Conversation qu'une seule fois auparavant, et l'on se rappellera à quelle occasion. Je dis:

— Ma foi, si vous voulez dire : ai-je été avec un homme qui M'a Fait Ça, je réponds oui, mais ce n'était pas mon idée. Il est allé trop loin, voilà tout, et je ne l'aurais pas laissé faire ni même commencer si mon père, madame, n'avait pas été au chômage.

Elle prit une petite note sur ses papiers et dit :

— Vous avez donc reçu de l'argent en paiement de faveurs sexuelles accordées alors que vous étiez, à l'évidence, en dessous de l'âge légal du consentement. Je vois. Vous aimiez beaucoup votre père ?

Son accent français semblait avoir encore augmenté.

— Oh, oui, madame.

— Il existe un établissement très charmant, propriété d'une certaine Madame Récamier, il ne s'agit pas de son vrai nom mais d'un nom d'emprunt, elle a des raisons personnelles pour avoir opéré cette substitution, Madame Récamier était une fort belle et fort importante dame de l'histoire de France. Cet établissement se trouve dans la belle ville de Rouen, en France. Vous auriez votre chambre et vos vêtements ainsi que l'argent pour subvenir à vos dépenses, encore que celles-ci ne puissent être que modestes. Votre tâche sera de vous montrer amicale envers des messieurs et de pourvoir à leur Divertissement. Ce sera un travail intéressant. Beaucoup d'entre ces hommes seraient assez âgés pour être votre père et tous auront grand besoin d'une fille. Il vous faudrait, il vous faudra être comme une fille pour eux.

— Vous voulez dire un père qui ferait ça à sa propre fille ? Il y a un mot pour ça mais je ne me le rappelle plus, madame.

Elle fit de nouveau lancer des éclairs à ses bagues comme qui dirait en proie à l'horreur.

— Il ne faut pas employer de telles locutions. Vous ne devez pas penser d'une manière aussi dégradée. C'est vulgaire.

Et je revis Mrs Haggerty fustigeant Maggie Paramour en se servant de ce mot, encore qu'avec un accent très anglais.

— Nous devons faire très attention aux mots. Bien des mots sont comme des démons qui nous tentent pour nous attirer sur la mauvaise route. Peut-être la mère supérieure vous l'a-t-elle déjà dit.

— Non, pas encore, madame.

— Je vois. Très bien, vous y réfléchirez pendant quelques jours. Aujourd'hui va débuter votre Instruction, et bientôt nous parlerons de nouveau. Vous pouvez aller, maintenant, Hélène.

Ça me fit un drôle d'effet d'entendre mon nom en français pour la première fois, à croire que j'étais déjà devenue une autre.

Les leçons qu'on nous donnait étaient données pour certaines par des religieuses, pour d'autres par des laïques. On nous apprit un peu de français, mais seulement des Expressions que nous devions répéter sans fin jusqu'à les retenir à la perfection pour pouvoir les répéter avec un Accent Parfait, pas de la grammaire, mais des choses comme : « Je suis tout à fait ravie, monsieur, de faire votre connaissance » et : « Vous pourrez faire ce que vous désirez, cher monsieur, ce m'est tout à fait égal », et ainsi de suite. Nous recevions des leçons d'histoire, mais ce n'était pas au sujet des rois et des batailles mais à propos de Grandes Dames, de Maîtresses des Rois, et ainsi de suite. Et on nous apprenait à reconnaître les différentes sortes de vins, et même à les boire, de manière à ne pas s'enivrer facilement, c'est-à-dire en avalant d'abord un demi-litre de lait ou une cuillerée d'huile d'olive, pour Prévenir l'Absorption Rapide de l'Alcool. Nous faisions des repas qui étaient comme des leçons, parce qu'il nous fallait apprendre à manger des choses qui semblaient d'abord horribles à des Anglaises comme nous, des escargots avec des tas d'ail et des choses cuites dans le bourgogne. Mais tandis que ces leçons se poursuivaient, nous nous avisâmes toutes qu'elles ne devaient pas constituer la partie la plus importante de ce qui justifiait notre présence en ce lieu, parce que chaque jour voyait disparaître une fille ou une autre, tout sourires et tout excitée, son bagage fait, elle disait « au revoir, mes chères », et partait travailler à Arles ou Antibes ou ailleurs. Une fille dit que cet endroit était en réalité un Dépôt et, par la suite, j'en vins à comprendre ce qu'elle avait voulu dire. Mais toutes les leçons étaient intéressantes et utiles, ce n'était pas du tout comme l'école. Par exemple les leçons sur l'Hygiène Personnelle et l'Usage de la Douche et du Bidet furent excellentes, de même que les conférences qu'on nous donna sur le Goût Vestimentaire. Il y eut un homme qui vint de la ville de Grasse, fort beau garçon à la moustache joliment entretenue, qui fit notre éducation sur les Parfums. Mais j'attendais tous les jours mon Entretien suivant, et un beau jour il eut lieu. Ce fut la même dame que la fois précédente, avec une bague de plus que celles qu'elle avait déjà, et elle me dit :

— Ma chère Hélène, Madame Récamier vous attend après-demain. Elle a enfin une place libre. Êtes-vous prête à partir ?

— Je n'ai guère d'autre possibilité, n'est-ce pas, madame ?

— C'est une réponse possible, mais c'est une réponse Négative. Ce qu'il me faut, c'est une Réaction Positive. Je vous ai dit qu'il s'agissait d'un Établissement Admirable, et que Madame Récamier tenait beaucoup à vous avoir. Vous avez de la chance qu'une telle Occasion s'offre à vous. Alors, qu'en dites-vous? Vous pouvez le dire en français si vous le souhaitez.

— *Je vous remercie, madame, de votre gentillesse. Je suis sûre que je serai heureuse chez Madame Récamier.*

— *Bien, ma petite, alors, après-demain.*

Ainsi débuta donc ma Profession. Je demeurai chez Madame Récamier, qui était une gentille petite vieille, très bonne avec ses filles, jusqu'en 1934, date à laquelle je lui dis que je souhaitais changer. Elle me comprit parfaitement, dit-elle, il était toujours bon de changer, la nature même de la vie était le changement, *ma petite,* puis-je vous être utile en quoi que ce soit à vous procurer ce changement? Vous avez aujourd'hui dix-sept ans, n'est-il pas vrai? Et vous êtes sans aucun doute un peu trop âgée pour notre clientèle. Ma cousine, qui se fait appeler Madame Pompadour, nom célèbre, mon chou, dirige un établissement très raffiné à Paris même, pas moins, à vrai dire, en dehors de la ville pour des raisons de commodité, à la Malmaison. Je vais lui écrire *immediately.*

J'ai donc travaillé à la Malmaison, qui est l'endroit où vécut Joséphine quand Napoléon l'eut flanquée à la porte parce qu'elle ne lui avait pas donné d'Héritier pour le Trône Impérial. La maison de Joséphine est toujours là, et j'ai souvent pensé quand je la visitais au charmant Établissement qu'elle ferait. La différence entre la maison de Madame Récamier et celle de Madame Pompadour était que la première était destinée aux vieillards qui désiraient des filles tandis que la seconde était plus générale, avec aussi quelques spécialités. Ce fut chez Madame Récamier que j'eus parfois une assez crasseuse impression à voir s'amener ces vieux élégamment vêtus et aux manières raffinées, parce que c'était trop comme si mon propre père l'avait fait, et ce fut pire le jour où un Pianiste Célèbre se présenta et ses mains étaient exactement comme celles de mon papa, très dures à l'extrémité des doigts. La clientèle de l'Établissement de Madame Pompadour était de tous les âges et il y avait même des hommes fort jeunes et timides à qui l'on devait montrer un peu comment s'y prendre. J'avais seulement la clientèle normale, et des tas de clients réguliers qui étaient en fait des amis, attentionnés et parfois pleins d'humour, et qui aimaient donner du plaisir autant qu'en recevoir. L'une des filles, Allemande blonde nommée Brigitte, était spécialisée dans la bizarrerie qu'on appelle nécro. Elle devait s'étendre comme un cadavre pour un homme, entourée de lys et de cierges, tandis que pour un autre il fallait la mettre en bière et clouer le couvercle mais le dessous était percé d'une trappe. Une autre fille, une grande et rude Suédoise nommée Ingrid, se chargeait d'administrer des raclées à des hommes vêtus en petite bonne et ainsi de suite. Mais, comme je l'ai dit, c'était surtout de l'ordinaire pour moi, avec par-ci, par-là un *fais-moi un pompier, ma petite,* et puis voilà.

Je fus assez heureuse là-bas jusqu'en 1938, date à laquelle se produisit l'affaire de Munich et où les Français devinrent très irritables et se mirent à parler d'en finir avec ces sales Boches. Je sentais bien la façon dont les choses s'annonçaient. Nous reçûmes un groupe d'Allemands un soir, et celui d'entre eux qui m'échut était Impuissant, jusqu'à ce qu'il se mît à parler de fouets d'acier, ce qui l'excita suffisamment pour qu'il se mît au travail mais tout de même pas trop bien. Il fallait admirer tout le temps ces maudits Allemands et les écouter parler de ce qu'ils allaient faire lorsqu'ils seraient maîtres de l'Europe entière et Dieu sait qu'ils en parlaient sérieusement. Je rentrai donc en Angleterre avec une jolie petite pelote, et m'installai dans un hôtel privé de West Kensington, pour voir ce qui allait se passer. Certes, ce fut le moment où Chamberlain — J'aime Berlin, comme on l'appelait en France — dit Il S'agit de Notre Paix en Notre Temps, mais personne de censé ne le crut. Des ennuis s'annonçaient indiscutablement, que Chamberlain se contentait de remettre à plus tard. Ce fut l'année où j'atteignis mes vingt et un ans mais je possédais la clé de la porte depuis longtemps déjà, et j'étais trop jeune pour gaspiller ma Délicieuse Beauté dans un hôtel privé. Un jour que je me promenais à Chiswick, j'étais allée déjeuner au Doves, sur la Tamise, passant devant une maison je vis une jeune ménagère qui sortait ses enfants bien attifés pour aller prendre un peu l'air dans Chiswick Mall et je fus soudain frappée de l'idée que je loupais peut-être quelque chose.

Je rencontrai Al Batross (un nom ridicule, disait-il toujours en se présentant, comme celui de l'oiseau du poème de Bauman ou de Troundelaire, mais je ne compris pas, cela faisait partie de mon Charme, disait-il, de ne pas toujours comprendre les choses) dans le métro à Piccadilly, là où on vous donne l'Heure Tout Autour du Monde. Ça me faisait toujours sourire doucement parce que des Tours du Monde en une heure, j'en avais fait faire plus d'une fois à des clients yankees. J'avais acheté du vin chez King Bomba à Soho et le sac se rompit et une bouteille de frascati se fracassa et il dit quel dommage et nous nous mîmes à bavarder. J'étais tout à fait prête à répondre aux invites d'un Homme Mûr et Mûr, Al l'était indiscutablement, il avait vécu avec une femme qui travaillait à la Maison de la Radio dans son appartement joliment arrangé des alentours de King's Road, et ils venaient de rompre. Il dirigeait une agence immobilière dont il était propriétaire et vivait vraiment à l'aise, il avait de gentilles manières et sentait toujours bon, un mélange de foin fraîchement coupé et d'alcool, comme si quelqu'un avait pris une cuite dans un pré. Après que nous fûmes pas mal sortis ensemble et qu'il eut appris que j'avais travaillé comme Secrétaire à Paris mais étais rentrée pour me préparer à la Guerre, il dit :

— Qui sait ce qu'il va bien pouvoir se passer ? Le temps n'est plus aux batifolages. Je suis rappelé comme officier dans les Territoriaux et je voudrais avoir quelqu'un qui m'attende à la maison quand je rentrerai. Parce qu'il n'y en a plus pour longtemps maintenant.

C'était une demande en mariage. Je ne pense pas que j'aurais répondu oui à cet instant précis si nous ne nous étions pas montrés un peu imprudents chez lui, bref, je me dis : ma foi, c'est vrai, nous risquons tous de finir sous les Bombes Allemandes et il faudrait que je fasse l'expérience du Mariage et de la Maternité. Ce fut ainsi que Robert naquit six mois après notre mariage célébré à Caxton Hall. Je n'eus aucun mal à lui donner naissance à la London Clinic et c'était un gentil bébé mais je ne sais pas, je n'éprouvais rien de réellement maternel à son égard, peut-être n'étais-je pas taillée pour être mère, et si je l'aimais, c'était comme j'aimais le gamin de la voisine. Je ne m'en occupais pas moins comme il faut, encore qu'il fût nourri au biberon, et devant veiller sur lui je ne fus pas appelée au Service de Guerre mais on imaginera aisément que c'était une tâche bien morne après ce que j'avais connu, et il faut y ajouter les bombes qui pleuvaient sur Londres tous les soirs. Quand la Bataille d'Angleterre fut terminée, les sœurs d'Al, des jumelles, qui demeuraient ensemble à Horsham et étaient toutes deux exemptées à cause d'une insuffisance thyroïdienne, acceptèrent de me libérer pour le Service, parce qu'en définitive je m'ennuyais à mort, ayant été habituée à une Vie Active, quoi qu'en disent ceux qui prétendent que la Profession consiste à s'étendre tranquillement sur le dos ou sur le ventre, selon les goûts du client. On m'assigna une espèce de mission de Liaison avec les Français Libres et je rencontrai même une fois le général de Gaulle, *oui, mon général, non, mon général,* qui était un sacré champion de la main au panier malgré toutes ses belles paroles sur la Gloire de la France Éternelle. Je fis mon devoir pour les Français Libres, rendant même à certains d'entre eux des services qui dépassaient nettement le cadre de mes assignations, pendant que Philippa et Calinda, prénoms ridicules mais gentilles filles encore qu'un peu bébêtes, eh, n'oublions pas l'insuffisance thyroïdienne, s'occupaient du jeune Robert à Horsham.

Mon mari était capitaine d'infanterie en Afrique du Nord quand on le réexpédia sans m'en avertir dans ses foyers pour suivre ce que l'on appelait un Cours d'État-Major.

Il entra dans l'appartement alors que j'étais au lit avec un adjudant de la France Libre, et il nous découvrit pour de bon à l'instant même où cet adjudant jouissait, situation fort gênante. Il tenta d'administrer une raclée à l'adjudant qui trouva quant à lui cette attitude fort raisonnable, disant même :

– *Vous avez absolument raison, mon capitaine, vous avez les droits du mari.*

Et il sortit en saluant. Alors Al s'en prit à moi et je m'en pris à lui.

– Mais quel effet cette guerre aura donc produit sur les gens ? dit-il. Tu étais la plus charmante fille du monde et te voici devenue une vulgaire prostituée. Si ce n'était la folie de la guerre qui t'a contaminée je te mettrais en pièces de mes mains nues.

Le plus rigolo, c'est qu'il avait précisément conservé ses gants car la nuit d'hiver était froide.

– Qu'est-ce que ça veut dire vulgaire prostituée ? dis-je. Qu'est-ce que ça a de vulgaire ? C'est une profession qualifiée semblable à toutes les professions qui réclament une qualification.

– Oh, oui, dit-il avec une espèce de ricanement, voilà que tu en connais tous les aspects désormais. C'est donc ça, le travail de guerre que tu as entrepris, hein ? J'en suis dégoûté à vomir !

–S'il te faut la vérité, dis-je, et je crois d'ailleurs qu'il ne te la faut pas, tu vas avoir la vérité, que ça te plaise ou non.

Et je la lui dis, et il écouta la bouche ouverte.

– Ce que tu as eu pour le prix d'un certificat de mariage, lui dis-je, se monte à une jolie petite somme au tarif qui est généralement le mien. Alors colle-toi ça dans le caleçon d'uniforme, demi-tour à droite, droite! Et rompez!

– Je dois me présenter à l'instant à l'École d'état-major, dit-il, et c'est la dernière fois que tu me verras espèce de sale petite garce menteuse et manœuvrière. Ma Femme est une Prostituée (et il le disait comme si ç'avait été le titre d'un film). Oh, mon Dieu, mon Dieu, mon Dieu, Seigneur, mon Dieu.

Puis il ajouta:

– Une chose en tout cas, tu ne verras plus jamais, tu ne mettras plus jamais tes sales pattes sur mon fils, dont je n'ai d'ailleurs aucune certitude qu'il soit mon fils, malfaisante créature que tu es.

– Oh, c'est le tien, tu peux y aller, dis-je. J'ai raccroché quand nous étions ensemble, et puis il a ton nez.

Alors une bien étrange idée me frappa, à croire que mon pauvre papa me tirait comme qui dirait par la manche depuis le Purgatoire.

– Mais, dis-je, il est encore un peu à moi, et je me suis donné le mal de le mettre au monde et de le nourrir au biberon, alors, quand il sera en âge, tu vas me faire le plaisir de veiller à ce qu'il ait de bonnes leçons de piano et se voie offrir la chance que mon pauvre papa n'eut jamais.

Le voilà qui s'en décroche de nouveau la mâchoire et me regarde, toujours ganté et casquetté, et il dit:

– Serais-tu folle en plus de prostituée? As-tu reçu un éclat de bombe sur la tête? Rien ne dit que je survivrai à cette guerre le temps d'être un père digne de ce nom, et le petit n'est encore qu'un bébé, qu'est-ce que tu viens me parler de tes fichues leçons de piano?

— Parfaitement, des leçons de piano, dis-je avec une grande férocité.

Notre divorce ne fut pas prononcé avant la fin de la guerre, qui vit tout un tas de divorces et tout un tas de meurtres d'épouses infidèles aussi, mais, bien sûr, en bonne catholique que j'étais, je ne pus prendre ce divorce au sérieux parce que je n'avais pu prendre au sérieux un mariage à la mairie. Mais ça me mit quand même un peu en rogne qu'on puisse m'enlever comme ça mon propre enfant sous prétexte que je n'étais pas assez bien pour être sa mère, alors que j'avais été assez bonne pour le mettre au monde, ce qui était déjà bien plus que tout ce que les juristes qui n'en finissaient pas de débattre de la Garde de l'Enfant auraient été capables de faire. Je fus heureuse de quitter de nouveau l'Angleterre quand ce fut possible, pays très hypocrite avec Sir Stafford Cripps à l'Échiquier et le rationnement qui devenait chaque jour plus sévère mais de tout en abondance pour ceux qui avaient les sous.

Quand il me fut possible de retourner en France, je le fis et pris un gentil petit appartement rue Abélard, heureuse de retrouver ma liberté et habituée en définitive à l'indépendance et travaillant à mon compte. Et puis un soir, allongée sous un Yankee haletant, je vis comme qui dirait la lumière. L'espèce de Rythme de ce qui se passait me ramena, et c'était fort étrange, au Marathon de mon pauvre papa. Je l'entendis jouer tous ces airs, crevé, maigre, gris, vieux, sacrément acharné à faire de son mieux. *I Scream, You Scream, We All Scream For Ice-Cream, le Défilé des éléphants roses, la Béguine, That Old Black Magic Has Me In Its Spell.* Je fus comme qui dirait horrifiée de me rendre compte que certaines de ces chansons n'étaient même pas encore écrites au moment du Marathon, et pourtant j'entendais distinctement ce piano à Blackpool et je voyais ses mains câliner les touches pour en faire sortir ces airs. Si j'avais continué à écouter, je me serais mise à entendre mon papa jouer des airs qui n'ont même pas été écrits aujourd'hui. *La Cicatrice que t'as sur le nez, la Grande Secousse par petits coups, les Prairies de la lune, Faut que tu te tires vite fait, papa,* je me tortillai pour m'extraire de son étreinte et le repoussai en disant :

— Allez, va-t'en, casse-toi.

— Kesk'elle dit ?

— Faut que tu te tires vite fait, mon pote.

— J'ai pas fini.

— Dehors, ça suffit, j'en ai marre.

— J'ai payé, non ?

— Les sous sont encore sur la cheminée. Prends-les et tire-toi.

Il gronda quelques méchants américanismes à mon endroit, mais fit comme j'avais dit. Je crois qu'il n'appréciait guère ce qu'il avait lu dans mes yeux. Et il devait savoir qu'en ce temps-là à Paris tous les tapins qui n'étaient pas maqués planquaient un flingue quelque part, j'avais un Mauser et la vie ne valait jamais grand-chose, comme la guerre avait eu la gentillesse de nous le démontrer. Quand il fut parti et qu'après une chevauchée sur le bidet je me fus vêtue, je sortis pour aller voir une de mes amies, Lollo Camoens, une fille à la peau sombre très bien faite, à demi portugaise, qui était libre ce soir-là. Elle me servit un verre de porto blanc et je tentai de lui dire ce qui m'était passé par la tête. Je dis :

– Une femme n'est pas une chose dont l'homme peut faire ce qu'il veut.

– Elle se transforme en chose lorsqu'elle accepte l'argent.

Elle parlait un très joli anglais assez classe dirigeante, ayant caché un officier britannique à Lyon pendant une bonne partie de la guerre jusqu'au jour où il se fit ramasser en jouant le rôle d'un ouvrier agricole français d'une manière qui n'était pas terrible, terrible. Cela lui avait valu de fichus remerciements de la part des Glorieux Alliés de la Grande-Bretagne, parce que juste après la Libération, elle était venue à Paris et se promenait près des Halles quand des bonshommes se mirent à hurler : « Faut la tondre, c'te garce, elle couchait avec les sales boches. » Alors que c'était même pas vrai et qu'elle était à Paris pour la première fois. Évidemment les hommes qui lancèrent cet épisode de la tonte des femmes avaient tous fait du marché noir et se couvraient en s'en prenant à l'Innocent, il y eut beaucoup de ça à Paris, les Français font un beau ramassis de salauds, comme tous les autres.

– C'est la femme qui choisit, après tout, conclut-elle.

J'entendis de nouveau mon papa jouer, très fort et très distinctement, et j'entendais même ses grognements et ses soupirs. Je dis :

– Une femme, c'est comme un instrument de musique.

– Je sais, je sais, chérie. Joue de moi comme d'un violon, fais de moi de la belle musique. C'est vieux comme le monde, ton truc, ma douce, *vieux chapeau* comme disait Rodney. Reprends un peu de porto.

— Plus comme un piano qu'un violon, dis-je.

— Non, dit-elle en me resservant. On ne garde pas un violon dans son salon pour que le premier venu se mette à le tripoter. Il est dans un étui, un truc qui ferme avec une petite clé. Le piano, tout le monde peut se mettre à taper dessus.

— Non, dis-je, comme qui dirait inspirée. Le piano appartient à celui qui sait en jouer.

— Les pianistes ne courent pas les rues, dit Lollo.

— Justement, dis-je, faut leur apprendre. Faut qu'ils s'entraînent. Ce n'est pas tout le monde qui sait jouer du piano, comme tu dis, et un type qui ne sait pas jouer n'est pas assez bête pour aller raconter qu'il sait. Alors que tous les hommes se croient capables de jouer du Sexe.

— A quoi penses-tu, dit-elle, un rien sarcastique, à une École des Amants ?

— Pourquoi pas ? dis-je. Je sais que personne ne voudrait y aller au commencement, persuadés qu'ils sont tous de tout savoir, les imbéciles, mais les plus malins verraient que l'idée est bonne. Et puis tu as les très jeunes gens qui n'y connaissent rien et qui sont timides, et la guérison de la timidité pourrait faire partie de l'enseignement, je te le dis, c'est un beau gâchis qu'ils ne soient pas nombreux à s'y connaître et que tous doivent apprendre sur le tas. C'est plus difficile que d'apprendre à jouer Beethoven et les autres. Avec le piano tu n'as jamais que les douze mêmes notes répétées du haut jusqu'en bas. Chez une femme tu as plus que ça. Et tu as des salopards bornés qui jouent d'une femme comme si on leur avait tranché les mains à hauteur des poignets.

— T'es fêlée, dit Lollo. T'as besoin de vacances, ma petite.

Douze

Ce fut en 1956, j'allais sur mes quarante ans, que la chance me sourit. Ce fut tout à fait par hasard, et c'est bien pour ça qu'on l'appelle la chance. J'étais partie pour Singapour, en ayant ma claque de l'Europe et en particulier de la France, et je dirigeais une petite maison non loin d'Orchard Road, atteignant l'âge où l'on organise le travail plus qu'on ne le pratique soi-même, mais je restais disponible pour certains clients choyés qui appréciaient la Maturité. Le loyer était très raide, les propriétaires chinois étant pires que les français, mais nous avions dix chambres en fonctionnement outre les Commodités d'Usage et une grande salle d'attente où trônait un orgue américain. Ç'avait d'abord été un petit hôtel dirigé par des Chinois, en réalité un hôtel de passe pour les fumeurs d'opium, puis c'était devenu une mission baptiste et l'orgue américain avait été abandonné on ne sait trop comment lorsque la mission avait refusé sa collaboration à la police de Singapour. Je me rappelle un prêtre défroqué, comme il le disait lui-même, venu de Kowloon, qui avait coutume de jouer des hymnes et autres sur l'orgue américain et de psalmodier d'une manière très sinistre en attendant Dorothy Lim, très jolie petite fille originaire de Georgetown. Il chantait et jouait *Plus près de toi, mon Dieu* un jour, et cela me frappa d'une manière que je ne saurais expliquer mais je vous en parlerai plus tard. Voyant que j'avais l'air un peu préoccupé, il crut que je trouvais déplacé de jouer des hymnes en un tel lieu. Mais il dit :

— Ce n'est pas un blasphème, madame Hélène, Ah, non. On est plus près de Dieu dans une femme que dans une église ou une chapelle.

C'était un rien vulgaire, mais l'anglais n'était pas sa première langue, bien qu'il le parlât magnifiquement. Il savait aussi un peu de français, ayant été en Indochine et je lui racontai donc l'histoire du jeune curé français qui ne pouvant plus résister à la tentation de la chair alla voir les P'tites Sœurs des Cœurs, ou plutôt l'une d'entre elles. Je connaissais l'histoire mot à mot quasiment :

— *Tout se passe le mieux du monde mais au moment stratégique, dans l'impossibilité de dominer son émotion, notre abbé s'écrie : Ah ! ma fille ! le bon Dieu est avec nous ! Bon, d'accord, rétorque la môme, mais dans ce cas, c'est tarif double !*

J'avais la petite Dorothy Lim et une Malaise nommée Aminah, voluptueuse mais très paresseuse, qui mâchonnait sans cesse du bétel, une beauté eurasienne nommée Betty Da Silva, deux sœurs russes, jumelles mais pas identiques, ce qui était dommage, nommées respectivement, respectueusement et respectablement Olga et Natacha Soljenitsnaya, je me trompe peut-être un peu. Il y avait aussi une ou deux ménagères britanniques qui étaient comme qui dirait des Belles de Jour et travaillaient pour se faire un peu d'argent de poche pendant que leurs employés de maris étaient à la banque. Et il y avait une Tamoule très grasse, absolument violette de peau, qui s'appelait Chelvanajaky et plaisait beaucoup à la clientèle chinoise. La chance dont j'avais commencé à vous parler se produisit lorsqu'un certain Mr Shaw, Chinois malgré son nom ou peut-être à cause de lui, vint me voir à propos de son fils.

— Madame, dit-il, dans l'anglais magnifique qu'il avait appris à Eton ou Harrow ou un autre endroit de ce style, je suis riche, je suis même à vrai dire multimillionnaire en dollars des Détroits, ce qui revient à dire millionnaire en sterlings, et je parle seulement de mes liquidités, pour ne rien dire de mes biens immeubles, fonciers, et de mes avoirs en actions, mais j'ai appris au cours de ma longue vie que l'argent ne permet pas toujours d'acheter le bonheur.

Il se considérait comme vieux, mais il avait seulement dans les cinquante ans, avec une peau très lisse et beaucoup d'allure. Je savais que le plus clair de son argent venait du fer-blanc et du caoutchouc et de la construction de grands immeubles de bureaux sur l'île de Singapour ainsi qu'à Johore, de l'autre côté de la frontière.

— Prenez, par exemple, dit-il, mon fils Robert.

Je sentis mon cœur se soulever dans ma poitrine quand il prononça ce prénom, qui était celui de mon propre fils.

— Robert est jeune marié, mais son épouse parle déjà de le quitter. C'est une Américaine de Topeka qu'il a connue lorsqu'ils faisaient tous deux leurs études dans une université qu'on appelle Ucla, en Californie, mais leur union est brisée par des difficultés que sa timidité l'empêche de m'exposer en personne, alors que sa femme ne se gêne guère pour en faire étalage avec une certaine vulgarité. Elle avait un peu trop bu l'autre soir au dîner du Rotary et elle a dit des choses d'une nature très intime. Je crois qu'il a en lui-même quelques problèmes qu'aucun médecin ne serait capable de diagnostiquer. Je vous serais reconnaissant si vous vouliez bien lui parler, et peut-être plus. J'ai, comme vous devez le savoir, entendu de la bouche de certains de mes principaux collaborateurs les meilleurs rapports possible concernant votre contribution au Bonheur Humain.

— *Hsieh, hsieh,* dis-je.

Puisqu'il s'était donné la peine d'apprendre à parler un si bel anglais, ce n'était que justice que je lui réponde dans sa propre langue.

— La question vous paraîtra peut-être sotte, dis-je, mais joue-t-il d'un quelconque instrument de musique ?

Mr Shaw parut un peu étonné mais dit :

— Il a joué du saxophone, je crois, dans un orchestre à la faculté. Je considère le saxophone comme le plus barbare des instruments, mais j'imagine que c'est quand même un instrument de musique.

— Envoyez-le-moi, Mr Shaw, dis-je, et ainsi fut fait.

Ce Robert Shaw fut donc le premier auquel je pus enseigner sérieusement et lentement et en Grands Détails la musique qui se cache à l'intérieur des femmes en attendant d'en être tirée par l'homme désireux d'apprendre à le faire, comme ceux qui veulent jouer du piano sont prêts à apprendre le piano. Il était joli garçon, possédait des manières nettes et polies, et chaque matin pendant deux mois il vint à ma maison du quartier d'Orchard Road pour que je lui explique qu'une femme est un instrument de musique très sensible que l'on doit Aborder avec amour, respect et savoir. L'usage des deux mains et des huit doigts et des deux pouces, de la bouche, du rythme et de ce que mon papa appelait le Contrepoint et de ce qu'il appelait la sacrée vacherie la plus difficile du monde, bien plus dure que trois sur deux en tempo lent, à savoir cinq sur quatre, toutes ces choses et d'autres encore, je les lui enseignai. Mes filles, qu'il allait voir pour les Aspects Pratiques, disaient qu'il apprenait lentement mais très complètement. Il repartit avec son diplôme comme qui dirait invisible et j'appris peu après que son ménage était sauvé et que sa femme était pendue à son cou comme les colliers de fleurs qu'on vous passe à Honolulu, ville pas très sympa, à vrai dire. Son père était enchanté. En dehors des honoraires de cinq mille dollars (des Détroits, pas US) que je lui comptai, il m'offrit un coffre de camphrier plein de soieries de Shantung et fit de moi l'invitée d'honneur à un grand banquet chinois où on servit vingt plats, y compris le vin de serpent et les œufs de cent ans, à la Maison du Lotus. On tue les serpents à table et l'on doit boire le sang, c'est bon pour la Puissance, mais ne voyant pas très bien en quoi la Puissance s'appliquait à une femme, je n'en bus point. Il y avait Mrs Shaw accrochée comme un *lei* au cou de son mari, si bien qu'il pouvait à peine se servir de ses baguettes.

Après des tas de parlotes et de discussions — Mr Shaw était un homme prudent avec son argent, c'est pourquoi il était multimillionnaire — on tomba d'accord pour que l'argent serve à mettre sur pied la première École d'Amour ; il devait y en avoir cinq pour commencer, à Singapour, Djakarta, Séoul, Bangkok et Bali. La maison de Singapour, qu'il acquit libre de tout bail pour une somme pas trop importante en faisant donner les gros bras d'une des sociétés du Gong contre le propriétaire cupide, qui n'était autre que le mien, servirait pour ainsi dire de quartier général et ce fut là que les cours eurent lieu pour ceux et celles qui devaient diriger les autres maisons.

Je ne faisais pas une très bonne conférencière, mon anglais restant trop populaire, comme l'avait été celui de mon pauvre papa, mais je m'y entendais pour l'organisation de la discipline. Je décidai de ce qu'il faudrait enseigner et supervisai les Travaux Pratiques dont le sujet était la Femme comme Clavier, faisant appel à des Volontaires, de très jeunes hommes qui ne savaient rien alors qu'ils croyaient en savoir long au départ et étaient tout surpris de découvrir combien ils avaient à apprendre, pour mes Démonstrations. Avant tout, je mettais particulièrement l'accent sur le Temps, faisant remarquer que mon père avait joué du piano pendant quinze jours sans discontinuer, ajoutant que le Sexe n'était pas comme un petit en-cas dans un snack-bar mais plutôt comme un Banquet pris tout à fait à loisir. Mr Shaw fut très satisfait des progrès de l'École d'Amour en Orient et commença à parler d'aller s'installer en Europe et même en Amérique. Mais je savais que l'Amérique ne serait bonne à rien, étant trop Névrosée, comme on dit, et je savais aussi que nous aurions beaucoup de difficultés avec la loi, qui considérerait une école d'amour comme une espèce de bordel. C'est un mot terrible mais, sous son apparence redoutable, il cache des aspects assez rigolos, quand on y pense.

Nous nous débrouillâmes pour nous installer bien gentiment à Hambourg mais à Paris la police estima qu'elle aurait dû percevoir quelque chose et ce n'était pas juste, car nous étions, comme le disait Mr Shaw, un Établissement d'Enseignement Sérieux. A Londres nous savions que nous nous heurterions à l'Hypocrisie et je n'y allai que les yeux grands ouverts. Les ennuis commencèrent avec les encarts dans les journaux : les plus respectables refusèrent de passer nos annonces malgré la formulation très soigneuse de l'expert en publicité que nous engageâmes. Du genre de celle-ci :

> L'amour est un art comme la musique. Comme la musique, l'amour s'apprend. La femme est un instrument sensible. Convenablement traitée, elle peut produire les plus célestes harmonies. L'École d'Amour d'Ellen Henshaw offre à tous les hommes qui y aspirent l'occasion de s'instruire. Apprenez à jouer du piano d'amour avec l'adresse d'un Horowitz ou d'un Oscar Peterson. Écrire à la boîte – pour de plus amples détails.

L'École d'Amour de Londres s'ouvrait non loin de Queen's Way et c'était Mr Shaw de Singapour qui payait le loyer qui était assez coquet. Ce fut encore Mr Shaw qui eut l'idée lumineuse, étant chinois et fort avisé, que nous devions nous rappeler que l'Amour signifiait bien plus que l'Acte Sexuel, car c'était aussi ce qu'avait prêché Notre Seigneur, encore qu'il eût certes été crucifié pour cela, et le serait sans aucun doute de nouveau s'il revenait aujourd'hui prêcher l'Amour. Mais la Loi ne pouvait rien trouver à redire à ce que l'École invitât des hommes d'Église bien connus comme Lord Soper, et l'évêque de Londres, et l'archevêque de Birmingham, que j'avais rencontré quand j'étais enfant autrefois à Manchester dans la boutique de sa mère et de son père qui étaient épiciers, à venir prononcer comme qui dirait des sermons sur l'Amour Chrétien, et en particulier sur l'Amour Conjugal. Nul ne vint, ils firent savoir qu'ils avaient trop à faire avec la religion, mais du moins avaient-ils été invités. Et nous pûmes même verser dans nos dossiers une lettre de Lord Soper nous souhaitant bonne chance dans notre effort pour promouvoir l'idée d'Amour. En cas de pépin éventuel nous pourrions toujours la produire.

Quoi qu'il en soit, la police nous avait à l'œil mais ne possédait aucun mandat pour venir perquisitionner chez nous. Il s'agissait d'un lieu privé où nulle transaction financière n'était effectuée, tous les versements se faisant uniquement par chèque au compte des entreprises Shaw. On ne pouvait pas non plus nous accuser de tenir une Maison de Débauche. Nous avions enregistré des tas de Candidatures Sérieuses et je voyais un avenir radieux pour nous si les autorités voulaient bien se mêler de leurs oignons plutôt que de se livrer à la recherche d'un biais ou d'un piège pour nous attaquer. L'occasion me fut offerte de dire au monde entier ce que nous nous proposions de faire lorsque BBC Television m'appela au téléphone, j'étais descendue au Dorchester qui à l'époque n'était pas encore dirigé par les Arabes (je n'ai rien contre les Arabes, d'ailleurs, qui se sont toujours montrés serviables et reconnaissants parce que certains de leurs princes et de leurs émirs et je ne sais quoi encore ont été parmi nos étudiants), pour m'inviter à une interview dans le cadre d'une émission intitulée *Ce soir et tous les soirs*. Je savais que je m'en tirerais très mal, moi et mon anglais populaire, et j'obtins donc de ma collaboratrice en second, à Londres, qu'elle fasse le travail à ma place. Elle se nommait Petulia Grigson et c'était une fort jolie jeune femme de la trentaine qui avait suivi l'enseignement de l'université de Londres dans ce que l'on appelle les Sciences Sociales, et elle se présenta sous mon nom, ce qui était peut-être une tricherie, mais nul ne sembla s'en préoccuper. Voici ce que l'on appelle la Transcription de l'interview :

BOB TARSON : Ellen Henshaw, quel est précisément le but de la prétendue École d'Amour ?

PETULIA : Êtes-vous le prétendu Mr Tarson ?

BOB TARSON : Je suis bel et bien Bob Tarson.

PETULIA : Si nous laissions tomber ces prétendues aménités ? Notre école s'occupe sérieusement d'enseigner l'Amour sous tous ses aspects — Amour Chrétien, Amour Conjugal, Amour Universel — parce que nous croyons que l'Amour est la solution à tous les problèmes de notre monde.

BOB TARSON : Vous enseignez ce que vous appelez l'art de l'amour ?

PETULIA : C'est exact.

BOB TARSON : C'est-à-dire l'art du sexe ?

PETULIA : C'est une manière assez grossière de dire les choses. L'amour englobe le sexe, mais le sexe n'englobe pas l'amour. La femme n'est pas un simple objet qui doit servir au soulagement sexuel du mâle, il s'agit d'un organisme psychosomatique complexe dont les besoins sexuels sont inséparables des besoins spirituels. Bien des hommes sont trop égoïstes pour s'en rendre compte.

BOB TARSON : Je vois. L'un des slogans de votre, heu, institut, est : une femme, c'est comme un piano. Pourriez-vous me l'expliquer ?

PETULIA : Mais certainement. Le pianoforte, joué par un expert, peut produire une musique dont la signification est plus spirituelle que physique, encore que l'attrait physique du son en lui-même ne doive évidemment pas être négligé. Nul homme ne se considère comme capable de jouer de cet instrument à moins d'avoir appris à le faire et d'être prêt à le pratiquer avec régularité et rigueur, tandis que la plupart des hommes se considèrent comme capables d'entreprendre l'Acte d'Amour sans autre guide que l'appétit et l'instinct. Le but de l'École d'Amour, ou Schola Amoris, comme on nous a suggéré de l'appeler pour lui donner à la fois une dignité intellectuelle et la patine des valeurs classiques, est, pour ainsi dire, de faire des hommes des virtuoses sensibles et adroits de la Musique de l'Amour.

BOB TARSON : Le piano est un objet matériel, n'est-ce pas, une simple chose, non ? Voudriez-vous suggérer qu'il en va de même de la femme ? Les mouvements féministes risquent de ne pas vous en être reconnaissants.

PETULIA : Le piano dont on ne joue pas ou dont on joue mal est une simple chose. Le piano dont on joue en virtuose communique avec le plan esthétique et, à vrai dire, avec le plan spirituel. Mais ce n'est évidemment pas une analogie qu'il faut pousser trop loin. Les analogies sont nécessaires au discours, mais fondamentalement, toutes sont mensongères. Nous disons simplement que de même qu'une virtuosité compliquée et d'un ordre élevé doit être apportée à l'art du pianiste, une virtuosité similaire sinon plus grande est essentielle pour que l'Acte d'Amour devienne, comme il convient, une expérience de la plus haute importance spirituelle.

BOB TARSON : L'acte d'amour est-il enseigné, heu, pratiquement, dans votre Schola Amoris, comme vous dites ?

PETULIA : Tout à fait. Nous ne sommes pas de simples théoriciens.

BOB TARSON : Il existe un nom pour ce genre d'établissement.

PETULIA : Absolument. C'est une École d'Amour.

BOB TARSON : Non, il existe un autre nom. N'enfreignez-vous pas les lois du Royaume ?

PETULIA : De quelle manière ? Non, ne répondez pas. Essayons d'être sérieux. L'une des tragédies de notre temps, comme d'ailleurs de la plupart des autres, tient à l'incapacité masculine de parvenir à une complète compréhension des aspects érotiques de la relation conjugale. Et pourtant, nos systèmes d'enseignement traditionnels n'ont rien fait pour inculquer ne fût-ce que la plus infime notion des moyens de parvenir à cette satisfaction psychoneuronale qui, en dehors des expériences religieuses du mysticisme, constitue potentiellement l'un des plus grands dons que Notre Créateur ait voulu offrir à sa créature la plus élevée. Oh, je sais bien que dans nos écoles d'État, on enseigne un peu de biologie humaine, mais on ne cherche pas à s'attaquer sérieusement aux vraies questions, celles qui sont comprises dans le terme d'Amour. Le fossé qui s'est creusé est trop manifeste et trop honteux. Notre École cherche à le combler.

BOB TARSON : Merci, madame Henshaw.

PETULIA : Mademoiselle.

BOB TARSON : Navré. J'utilisais cette expression, heu, honorifique par allusion à votre profession. Tout le monde sait ce qu'est une *madame. (Ricanements.)*

PETULIA : Vous voyez, mesdames et messieurs, combien notre École d'Amour est nécessaire. L'expression de Mr Tarson, que vous avez sous les yeux, conviendrait à un adolescent boutonneux chantant des chansons gaillardes ou au furtif voyeur d'un cinéma porno. Si les caciques d'un grand média de communication publique ne sont pas capables d'envisager l'Amour d'un point de vue adulte, on ne peut que leur conseiller de s'inscrire à l'un de nos cours élémentaires. Messieurs les Anglais, grandissez ! Et vous, mes chères concitoyennes, aidez-les !

BOB TARSON : Bonsoir, *mademoiselle* Henshaw.

PETULIA : J'accepte vos excuses.

Petulia nous fit beaucoup de bien avec cette combinaison de Beauté et d'Intelligence, l'École marche bien, encore que sans le soutien des hommes d'Église ou des hommes politiques, comme on pouvait s'y attendre. Les flics continuent de s'en mâcher la jugulaire. Mais, comme le dit la chanson que mon pauvre papa joua plus d'une fois pendant son Marathon, *L'Amour trouvera bien un moyen.* Pauvre papa. Peut-être que ce ne lui est pas une satisfaction lorsqu'il regarde à travers les feux du Purgatoire de voir que sa fille prospère dans une profession qui n'a en réalité pas grand-chose à voir avec l'industrie du Divertissement, mais il a eu droit à une autre récompense et c'est la dernière chose dont je vous parlerai.

Douze et demi

Parce que je suis superstitieuse.

Mon époux Al Batross se remaria avec une actrice, jolie petite nana à ce que je me suis laissé dire mais pas très bonne, qui était allée à son agence parce qu'elle cherchait un appartement et c'est comme ça qu'ils firent connaissance. Un toubib lui avait dit qu'elle pourrait pas avoir d'enfant, rapport à ses Trompes de Salope ou un truc comme ça, les intérieurs d'une femme c'est fou ce que c'est compliqué, alors ça ne la dérangeait pas d'avoir comme ça un jeune fils tout fabriqué. Ce qu'il y a de rigolo dans l'éducation du jeune Robert, c'est que ce fut elle qui insista pour lui donner des leçons de piano et pas Al, qui était très vilainement monté contre moi et qui d'ailleurs, quand son fils fut assez grand, lui raconta sur mon compte des choses vraiment très vilaines, en concluant qu'il lui faudrait considérer sa belle-mère comme la vraie. Et pourtant par la suite, quand sa belle-mère, qui était très myope mais refusait de porter des lunettes par coquetterie, se fut fait renverser et zigouiller par une Bugatti en traversant la rue à Haywards Heath, Robert, qui était déjà marié, passa une annonce dans les journaux pour demander que sa vraie mère prenne contact avec lui. *Ma mère était une prostituée.* Il y avait de quoi être fier et pas honteux en cet Age de Permissivité, ce qui vous montre bien que tout fout le camp de nos jours. Petulia, qui lisait les canards de la haute, vit l'annonce et je pris contact avec lui. Il me raconta l'étrange histoire de son mariage, et je m'en vais vous la raconter à mon tour.

Mais d'abord je dois dire que Robert devint très bon au piano et que, contrairement à mon papa, il avait de réelles ambitions de devenir pianiste et pas seulement joueur de piano ou frappeur de clavier. Il avait un bon professeur et fut mis comme il convient à l'étude des gammes et des sonates de Beethoven et de Chopin. Mais son professeur lui dit de s'ôter de la tête toute idée de devenir un Grand Pianiste, parce qu'il lui manquait ce petit quelque chose en plus qui était nécessaire. Ce fut une déception pour Robert, mais il donnerait un récital et tout le monde s'extasierait sur son talent et ainsi se ferait-il un nom et serait-il l'un des Grands. En 1960 il travaillait chez Sassoon, la grosse boîte de produits chimiques, et ne s'en tirait d'ailleurs pas trop mal, mais il continuait de jouer sans cesse son Chopin et son Bach sur le Bechstein droit qu'on lui avait offert pour son vingt et unième anniversaire et il rêvait au grand succès qu'il connaîtrait un jour, parce que les professeurs, aussi bons fussent-ils, ne savaient pas toujours tout.

Ce fut en 1963 qu'il épousa une nommée Edna qui affichait un grand amour pour la musique et l'accompagnait au concert (ça se passait à Londres) pour dire combien Chopin était beau, il est comme le clair de lune et la lueur des étoiles jouant sur les eaux d'un lac italien (elle avait ramassé ça dans un quelconque magazine féminin). Elle avait dix ans de plus que lui, et les a toujours, évidemment, bien qu'elle fît beaucoup plus jeune. A croire que c'était un truc de famille chez elle de se marier plus tard que la moyenne et à un homme plus jeune, parce que sa mère, Mrs Aldridge, avait fait la même chose. La mère d'Edna avait soixante-douze ans l'année du mariage de Robert et d'Edna, elle devait donc aller sur la quarantaine quand elle avait eu Edna, qui était fille unique.

Or le père d'Edna était testeur de température dans une brasserie et le médecin l'avait souvent mis en garde contre les Risques du Métier qui finiraient par avoir raison de son foie. Ce ne fut pas son foie qui finit par avoir raison de lui toutefois, mais son cœur, il était trop lourd comme Mrs Aldridge elle-même, et le plus horrible est qu'il s'effondra et mourut d'une crise cardiaque pendant le discours lors de la réception donnée pour les noces. Il devait prononcer un discours lui-même puisqu'il était le Père de la Mariée, et il avait noté par écrit tout ce qu'il comptait dire, mais lorsqu'il se leva, les deux ou trois bouts de papier qu'il tenait lui échappèrent des doigts et il s'écria : « Mon compte est bon », en portant la main à sa gorge. Tout le monde crut que c'était de l'humour mais il vira au violet et s'effondra dans la pièce montée. La lune de miel prévue à Bognor Regis fut donc annulée et lorsque Robert et Edna s'installèrent dans la petite maison avec jardin de Hammersmith qu'ils avaient achetée à crédit, Mrs Aldridge s'installa avec eux. Robert avait toujours aimé Mr Aldridge mais il n'avait rien à faire de Mrs Aldridge, qu'il n'appellerait jamais belle-maman ni mère, mais toujours Mrs Aldridge. Il faut que j'ajoute que le père de Robert, mon ex-mari, était parti pour l'Espagne afin de pratiquer là-bas le racket immobilier, disant aussi que son sang s'était affaibli en Afrique du Nord et qu'il avait besoin de soleil. D'après Robert, son père n'avait pas apprécié cette mésalliance (ne fais pas comme moi, mon garçon, marie-toi à ton étage ou un peu au-dessus) mais Robert lui avait répondu qu'il était amoureux et comptait agir comme il l'entendait.

Edna avait tenu à ce que sa mère s'installât avec eux, n'avaient-ils pas une chambre d'amis, et puis maman ne peut pas garder la maison dans laquelle elle a vécu avec son mari, le loyer est scandaleux et elle n'a que sa pension de veuve. Robert commença par résister, mais Edna montra un côté de sa personne qu'il n'avait encore jamais vu. Elle hurla qu'il était un monstre sans cœur et les voisins commencèrent à cogner aux murs, si bien qu'il abandonna, il avait beaucoup de traits de son grand-père. Et donc Mrs Aldridge s'installa, apportant tout son mobilier et des milliers de bibelots, petits chiens de porcelaine et tout ça, des trucs horribles, et puis il y eut une engueulade à propos du piano. Mrs Aldridge ne pouvait pas supporter qu'il en jouât, dit-elle, cela lui donnait une Migraine Épouvantable, particulièrement après toutes les épreuves qu'elle venait d'endurer. Il s'efforça de jouer pianissimo avec la sourdine enfoncée en permanence mais ça ne changea rien. Elle dit qu'il fallait s'en débarrasser pour que son mobilier et que ses petits chiens de porcelaine puissent respirer, comme elle disait, mais Robert dit non, bien décidé à résister, et pas en sourdine.

— Toi, Edna, dit-il, qu'as-tu à dire de tout ça ? Tu

sais que la musique est ma fierté et ma joie et que les choses étant ce qu'elles sont elle est mon seul réconfort.

Par Les Choses Étant Ce Qu'Elles Sont il entendait qu'avec la présence de Mrs Aldridge dans la chambre d'amis, ils ne s'étaient pas encore attaqués à ce que mari et femme sont censés faire, les grincements de ce sommier me donnent une Migraine Épouvantable. De fait, et Robert put m'en parler en toute franchise, il n'était même pas encore parvenu à se tremper le biscuit, pour dire les choses simplement, et c'était extrêmement frustrant.

— Je n'ai rien contre la musique lorsqu'elle occupe sa vraie place, dit Edna, c'est une chose qu'il va falloir sacrifier pour la santé et le bien-être de maman.

— Tu dis ça, dit Robert, toi qui ne tarissais pas sur ton amour pour Chopin et la suite. Cela fait un léger changement et il n'est pas du tout de mon goût, Edna.

— Eh bien, si tu veux savoir, dit-elle, honnêtement, la musique, je peux m'en passer. Ça pouvait aller pendant nos fiançailles, mais maintenant que nous avons la télévision, j'ai besoin de quelque chose qui me sorte un peu plus de moi-même que ne le fait la musique. Et maman est du même avis. Comme tu ne pourras plus guère jouer de ce machin sauf quand maman et moi serons au cinéma ou chez Mrs Ellis ou ailleurs, ma foi, je trouve que maman a raison, ça ne fait qu'encombrer.

— Et toi, bafouilla comme qui dirait Robert, toi qui n'arrêtais pas d'expliquer que Beethoven te donnait des visions du Paradis et je ne sais quelle autre connerie.

— Je vous interdis de parler à ma fille sur ce ton.

– Oh, et puis merde !

Et il sortit boire un verre tandis qu'Edna et sa mère regardaient *Médecins de nuit* à la télévision.

Un jour en rentrant du travail il découvrit deux surprises. La première était une auto garée devant la porte, une Fiat d'occasion en assez bon état et il entra rejoindre sa femme et sa belle-mère qui regardaient la télé et dit :

– A qui appartient la petite caisse verte qui est dehors ?

– A nous, dit Edna. C'est quelqu'un, maman, tout de même, elle nous a acheté ça avec l'argent de l'assurance de papa. On va pouvoir se promener un peu.

Ce fut alors que Robert eut sa seconde surprise, qui fut de découvrir que le piano n'était plus là.

– Où est-il, qu'en avez-vous fait ? Allons, j'écoute, garces que vous êtes toutes les deux.

Il y eut évidemment des vociférations et des cris parce qu'il se permettait de traiter ma fille et ma mère d'une façon intolérable, mais elles finirent par lui raconter que le piano avait été emporté par « Headingley's, le spécialiste du déménagement » chez une dame que Mrs Aldridge avait rencontrée dans un caffy où elle allait boire son café du matin et manger les dix gâteaux à la crème qui lui permettaient de conserver ses forces de veuve, dame qui avait dit qu'elle voulait un piano pour sa petite-fille. Nous avons exactement ce qu'il vous faut, avait dit Mrs Aldridge, venez le voir. Mais pas le soir, parce qu'alors mon gendre est à la maison et qu'il n'arrête pas de crier et de jurer. Bref, l'argent était sur la cheminée, ce qu'il en restait, parce que les trois sous que maman avait eus de l'assurance n'avaient pas suffi à payer la voiture, elle était exposée chez Hadow dans Broadway, et l'un des employés de chez Hadow l'avait conduite jusqu'ici.

— Mais je n'ai rien demandé, moi, hurla Robert, et certainement pas cette saloperie de bagnole, d'ailleurs mon permis est expiré, et merde.

— Fais-le renouveler au lieu de jurer comme un charretier, que c'en est une dégoûtation et que les voisins vont se remettre à cogner au mur.

Et ainsi se poursuivit la querelle, même lorsqu'ils s'assirent à la table du thé, avec des kippers, ou des harengs, ou des sardines ou un truc comme ça, l'appartement empestait toujours le poisson, et Robert entreprit de concevoir un moyen de les rendre folles toutes les deux. Ça lui ressemblait bien, comme à mon papa d'ailleurs, en un sens, de donner des verges pour se faire battre. Au lieu de tenir bon pour qu'on lui rende son piano et de s'accrocher à son bon droit, ce qui eût été parfaitement légitime, il alla trouver Barlow, le menuisier, et se fit tailler une pièce de loupe d'érable de la longueur et de la largeur d'un clavier de piano. On se rappellera que mon papa avait lui-même fait une de ces répliques muettes lorsqu'il avait tenté de m'enseigner le piano. Robert alla un peu plus loin que papa en faisant fabriquer le tout du premier la jusqu'au dernier do avant de faire peindre l'ensemble par un jeune garçon qui apprenait les Arts Commerciaux et fut bien content des deux ou trois livres que lui rapporta ce boulot, dont il s'acquitta d'ailleurs à ravir, m'apprit Robert. Il en parlait comme si c'était mieux encore que son vrai piano et ça aussi, ça lui ressemblait.

Il ne fit plus d'histoires à partir de ce moment-là et cela inquiéta plus Edna et sa mère que ses hurlements et ses vitupérations quand il les traitait toutes les deux de garces. Mais tandis qu'elles regardaient la télévision, il s'asseyait de telle manière qu'elles ne puissent éviter de voir ses doigts courant comme l'éclair tout au long du clavier muet. Il travaillait ainsi une heure et demie chaque soir après leur thé poissonneux, la musique que ses mains jouaient en silence, résonnant très clairement à son esprit, et il me dit que c'était un plaisir bien réel et qu'en un sens il en profitait mieux qu'il n'eût fait du vrai piano parce qu'il savait que les voisins ne se plaindraient pas. Or, ni son épouse ni sa belle-mère ne pouvaient réellement se plaindre non plus, si ce n'est que l'une ou l'autre disait pourquoi ne vas-tu pas faire ça dans la chambre ou aux toilettes, ça nous tape sur les nerfs de te voir gigoter comme ça, mais il se contentait de sourire plus ou moins et de continuer sans rien dire. Et puis bien sûr un jour Mrs Aldridge dit que ça lui donnait une Migraine Épouvantable et alors il poussa contre elle des rugissements de lion, si bien qu'elles le crurent Fou. S'il n'avait pas réussi à les rendre réellement folles, du moins les Dérangeait-il, et c'était le plus important. Et pendant tout ce temps, il ne s'était toujours pas trempé le biscuit, et cela le mettait hors de lui d'une manière qu'elles ne pouvaient comprendre, n'étant pas des hommes.

Au printemps 1964, le moment vint de songer à leurs vacances d'été, et Robert eut comme qui dirait des visions de lui-même et d'Edna, nus dans un lit, sauf que ce n'était pas vraiment Edna, bien sûr, mais une quelconque jolie femme Nue, dans la chaleur de l'après-midi, avec la mer bleue en contrebas et, cette fois, le pauvre garçon parvenait à se tremper le biscuit et à faire bien d'autres choses encore parce que Robert, contrairement à sa mère, était un lecteur invétéré. Robert songea que la meilleure façon de ne pas avoir Mrs Aldridge avec eux et ses Migraines Épouvantables quand elle entendrait les ressorts du sommier à dix chambres de distance était de passer des vacances A l'Étranger, les femmes de son âge et de sa condition n'appréciant guère l'Étranger. Mais elle dit quelle bonne idée, je ne suis jamais allée A l'Étranger, et nous avons la voiture et peut-être pourrions-nous faire un peu de tourisme et voir un bon bout de l'Étranger, ce ne serait que justice que j'en voie le plus possible avant de m'en aller parce que je n'en ai plus pour longtemps (oh, ne parle pas comme ça, maman), avec ton père, c'était Clacton tous les ans et la Grande Aventure lorsque nous poussions jusqu'à Hastings Saint Leonards. Robert dit :

– D'abord et d'une, Mrs Aldridge, Edna et moi allons A l'Étranger parce que nous voyons cela comme une espèce de lune de miel, que nous n'avons pas encore eue, et il convient qu'un couple en lune de miel soit seul, car il est certaines choses qu'il doit faire, que vous avez vous-même faites jadis, Mrs Aldridge, parce que sans elles vous n'auriez pas donné naissance à cette charmante fille qui est la vôtre.

Oh, c'est grossier, voilà ce que c'est, ce genre de choses, comme les toilettes, il ne faut pas en parler.

– Et secundo, vous n'aimerez pas l'Étranger, Mrs Aldridge, vous n'aimerez pas la nourriture, qui est pleine d'ail, et il vous faudra boire de l'eau en bouteille parce que celle du robinet donne le Typhus, la Typhoïde, le Choléra, la Dysenterie et toutes sortes de maladies mortelles. Et autre chose encore, la Chaleur. Il y a plus de Chaleur A l'Étranger qu'en Angleterre et c'est logique parce que l'Angleterre est une île que rafraîchissent toutes sortes de brises marines. Or, sans vouloir me mêler de Ce Qui Ne Me Regarde Pas, vous êtes extrêmement forte, et cela, avec la chaleur combinée à l'alimentation trop riche, ne sera guère favorable à votre santé. J'estime que vous devriez aller tranquillement vous installer dans une pension du bord de mer, voire un hôtel, comme vous en aviez l'habitude, et vous ne vous en trouverez que mieux.

— Ah non, dit-elle, je ne supporterai pas ça. Comme je ne supporterai pas que vous vous mêliez de Ce Qui Ne Vous Regarde Pas en ce qui concerne mon Physique, tu l'as entendu, Edna, c'est naturel de s'étoffer un peu quand on est une Femme Mûre.

— Mais ça n'a rien de Naturel, à votre âge, dit Robert, de s'empiffrer de gâteaux à la crème à toute heure du jour et de la nuit d'ailleurs — qu'est-ce que j'en sais, moi — et de verser toute la graisse chaude de la poêle sur vos œufs au lard, c'en est à gerber. Je vous dis, moi, que votre cœur n'y résistera pas, l'Étranger réglera son compte à votre palpitant, je vous en fiche mon billet.

— C'est ça, c'est ça, dépouillez-moi de mes Droits Légitimes. Tu l'entends, Edna?

— Non, belle-maman, ou mère, ou ce que vous voudrez que je suis censé vous appeler, dit-il, je pense à votre santé, rien d'autre. Je veux que vous soyez épargnée pendant des années et des années encore pour rester là à vous empiffrer et à avoir des Migraines Épouvantables quand je joue de mon piano muet et à regarder la bouche ouverte d'incroyables imbécillités à la télé. Et puisque vous parlez de droit, que faites-vous de mes foutus droits de musicien ?

Et voilà que sans crier gare il en revint à la vente de son piano, mais c'était surtout pour les fiche en rogne toutes les deux car cela ne comptait plus guère pour lui désormais. Et si Edna comptait encore pour lui, c'était en tant que Femme à Poil, qu'il n'avait pas encore possédée et ça, c'était quelque chose de dangereux. Quiconque l'eût examiné de près se serait rendu compte qu'il allait tout droit à la dépression nerveuse. Car enfin, il bossait dur chez Sassoon, mais jamais Edna ne voulut entendre parler de ses dures journées ou discuter de ces choses avec lui, toujours cette saloperie de télé et sa mère obèse, et tintin pour le sexe, puisque Mrs Aldridge avait le Sommeil Très Léger malgré ses ronflements sonores et ses plaintes contre les grincements du sommier qui l'empêchaient de fermer l'œil de la nuit. Autre signe qu'on aurait pu remarquer, et d'ailleurs fort intéressant parce qu'il le tenait de mon papa, il s'était mis à lire des histoires d'assassins, prenant des livres à la bibliothèque et dévorant les *News of the World* le dimanche. Il me dit par la suite qu'il s'était d'abord intéressé aux assassins à cause de la musique et ça n'était pas l'histoire des fiancées au bain du dénommé Smith, qui jouait *Plus près de toi, mon Dieu* pendant que ses épouses se noyaient dans la baignoire, pas toutes en même temps, bien sûr, mais celle d'un nommé où ai-je fourré ce nom je sais que je l'ai écrit quelque part ah oui Gesualdo, qui était un grand musicien en même temps qu'un grand assassin.

Mrs Aldridge s'était mis en tête qu'A l'Étranger, l'endroit qu'elle désirait visiter entre tous était l'Italie.

Pourquoi l'Italie, maman ? Parce que Mr Roderick à la brasserie avait épousé une Italienne et s'il est vrai qu'elle sentait un peu l'ail dont çui-là parlait tout à l'heure, elle avait une ravissante chevelure comme qui dirait aile de corbeau qu'elle teignait un peu en vieillissant et une ravissante peau crémeuse et était très bien bâtie comme il convient à une Femme Mûre et j'adorais l'entendre parler cet anglais hésitant qu'elle parlait étant étrangère. Du coup Robert dit :

— Et je vais donc devoir traverser toute la France pour aller en Italie, avec deux bonnes femmes pour me dire comment faire, c'est ça ? Tu parles de nom de Dieu de vacances, Mrs Aldridge, voilà mon point de vue.

— Alors c'est Mrs Aldridge, n'est-ce pas ? Comme si ce n'était pas plus que si je n'étais pas plus qu'un Visiteur. Tu l'entends, Edna, pas une once de Respect, ou d'Amour, ou de Sentiment dans sa personnalité tout entière. Je suis votre belle-mère et je ne demande que les droits à l'affection et au respect dus à une belle-mère et aussi à ne pas être traitée en Étrangère dans la maison de ma propre fille.

— Et il y a autre chose encore, c'est que l'Italie est réellement Chaude en août et d'une Chaleur qui va vous surprendre, Mrs A. Mais si c'est comme ça, c'est comme ça et je n'en dirai pas plus sauf que nous ferions mieux de nous dépêcher d'obtenir nos passeports, en conséquence de quoi votre premier boulot, Mrs A., est d'aller faire prendre de petites photos de vous chez Ashburn dans Broadway et moi je m'occupe de me procurer les formulaires de demande.

Bref, quand vint août ils bouclèrent leurs valises et les placèrent dans le coffre de leur voiture et partirent pour Douvres, Robert emportant, croyait-il, assez d'argent en chèques de voyage et Mrs Aldridge ayant fourré des billets de cinq livres dans son corset. Ajoutons que Mrs Aldridge fit le voyage de Douvres avec un carton plein d'oublies à la crème patissière, qu'elle mangea en chemin, postillonnant des miettes sur la nuque de Robert quand elle disait regarde le bonhomme qui traverse la rue, Edna, on dirait ton oncle Edward, tu ne trouves pas, et quelle jolie petite maison là-bas celle qui est peinte en blanc, oh, que j'aimerais vivre à la campagne. La traversée de la Manche fut un peu agitée mais elle ne fut pas malade, oh, que non. Ce fut ce pauvre Robert qui fut malade bien qu'il eût quasiment l'estomac vide, n'ayant presque rien mangé. Le monde est bien injuste parfois.

Ainsi traversèrent-ils la France, dormant dans des motels et mangeant dans de petits restaurants, passant moins d'une journée à Paris, que Mrs Aldridge qualifia de Repaire du Péché. Il se mit à faire très chaud à mesure qu'ils se déplaçaient vers le sud et Mrs Aldridge ne cessait de s'éventer à l'aide d'un petit éventail recouvert d'une espèce de duvet de canard bleu qui lui avait, disait-elle, été laissé par sa mère et était Très Ancien. Elle mangeait de grand cœur à déjeuner et à dîner, ce qui ne l'empêchait pas de prendre un petit déjeuner à l'anglaise et un léger souper de viande, elle buvait de l'eau Perrier et disait que cela facilitait bien les vents. Elle disait que c'était vraiment bien et agréable A l'Étranger. Robert supportait tout cela très bravement mais n'obtenait guère de Compensation dans le domaine du Sexe. Edna dit une fois oh si tu y tiens tant vas-y mais fais vite et je te préviens je n'ôterai pas ma chemise de nuit, assez pour décourager n'importe quel homme. Quand il crut qu'il allait se tremper le biscuit elle lui hurla qu'il lui faisait Mal, alors il renonça. Et donc ce n'était pas des vacances extraordinaires pour ce pauvre Robert sinon qu'il prenait un peu de soleil et de bon air et changeait de régime, Mrs Aldridge n'aimant pas le poisson, trop de tentacules, et rien ne vaut un petit bout de notre Morue. Et aussi, il buvait au moins sa part de vin, de sorte que le temps n'était pas complètement perdu. Ils passèrent par Nice et Montecarlo, puis traversèrent la frontière à Vintimille et se trouvèrent en Italie. Mrs Aldridge dit c'est donc ça l'Italie et c'est très joli, regarde cette espèce de curé, là, dans sa robe noire. Elle semblait tout à fait d'attaque mais très rouge comme un Homard et continuait de s'éventer tout le temps. Elle mangea de grand cœur les spaghetti et les petits morceaux de veau et but de l'eau minérale San Gemini mais déclara qu'elle ne facilitait pas autant les vents que cette eau française, là. Robert dit qu'il en était navré et qu'il allait se précipiter de l'autre côté de la frontière pour lui en rapporter deux caisses. L'entends-tu, Edna, avec son sarcastisme? Et puis les ennuis commencèrent et pour des ennuis, ce furent des ennuis.

Car il arriva que la voiture tomba en panne un soir qu'ils étaient en rase campagne, je crois que c'était à plusieurs kilomètres d'Albenga, à l'intérieur des terres. Elle commença par tousser, puis sauta et s'arrêta. Robert ouvrit le capot pour regarder dedans mais évidemment il ne découvrit rien. Une voiture arrêtée est comme un cadavre, elle est pareille sauf qu'elle ne respire plus. Edna dit:

– Qu'est-ce qu'elle a, Bob?

— Qu'est-ce que tu veux que j'en sache, bordel? dit-il. J'ai fait le plein il y a une quinzaine de kilomètres et il y a de l'huile et de l'eau. Il faut trouver un garage pour qu'ils y jettent une coup d'œil.

— Mais comment trouver un garage quand on est à des kilomètres de tout?

— C'est une très bonne question, dit Robert. C'est exactement ce que je dirais moi-même si j'avais envie de dire autre chose que putain de saloperie de merde.

— Je ne puis tolérer ce langage, dit Mrs Aldridge, et autre chose: il va bientôt falloir que je dîne.

— Vous avez déjà déjeuné comme vingt, dit Robert, il va falloir vous résigner aux gargouillis de votre gros bidon, Mrs A.

Alors elles lui tombèrent toutes les deux dessus parce qu'il était grossier et avait mauvais caractère et que comptait-il Faire en dehors de rester là à insulter les personnes? Entre-temps la nuit avait commencé à tomber et bien sûr il s'était mis à pleuvoir, et une sacrée pluie comme il en tombe parfois en Italie. Robert ne put que refermer le capot et regagner la voiture où ils se retrouvèrent enfermés tous les trois pendant que la pluie faisait rage.

— Ça, dit Mrs Aldridge, ce n'est pas du tout l'idée que je me fais de vacances A l'Étranger.

Elle était assise majestueusement à l'arrière, et Robert se retourna sur le siège du conducteur comme s'il était très surpris des mots qu'elle venait de prononcer. Et il dit:

— Vraiment? Vraiment? Ce n'est pas l'idée que vous vous faites, Mrs A? Et moi qui aurais cru que c'était précisément l'idée que tout le monde se fait des vacances, assis dans une voiture, sous la pluie, et d'ailleurs elle rentre maintenant, vous serez bientôt assise dans une grande mare, Mrs A, nous sommes à des *miles,* ou plutôt à des kilomètres, puisque nous sommes A l'Étranger, de tout lieu habité, nous n'avons nulle part où passer la nuit et à nous tous nous ne possédons pas un mot de la langue en dehors des expressions musicales que j'ai bien connues voilà cent ans me semble-t-il parfois, lorsqu'on m'autorisait à jouer de ma saloperie de piano. Je m'amuse vraiment, même si ce n'est pas votre cas, Mrs A. Peut-être devrions-nous chanter une chanson, non, tout ce qui ressemble à de la musique vous donne une Migraine Épouvantable, et cela n'irait pas, n'est-ce pas, Mrs A. ?

— Ne parle pas comme ça à ma mère.

— Oh, laisse-le faire, Edna, ça me glisse dessus comme l'eau sur les plumes d'un canard, il y a des hommes dont on ne peut rien tirer de bon, comme je l'ai appris à mes dépens autrefois.

Ce n'était pas vraiment la mieux choisie des comparaisons, comme le raconta Robert, cette histoire de plumes de canard, parce que l'eau entrait vraiment dans la voiture et que son petit éventail couvert de duvet était de plus en plus détrempé.

— De toute façon, je ne vais pas rester ici, ajouta-t-elle. Je ne vais certainement pas me laisser noyer dans ma propre voiture et attraper la mort, il va falloir qu'il nous trouve un abri quelque part.

Or le hasard voulut qu'il y eût effectivement une grande bâtisse pas trop loin que Robert distinguait tout juste à travers l'obscurité, pas vraiment une bâtisse, plutôt du genre grange, et Robert fut contraint de sortir et de courir en pataugeant sous la pluie pour aller voir ce que c'était, car ç'aurait très bien pu être des abattoirs, après tout. Non, c'était une vraie grange, comme il le découvrit, pleine de paille et de foin, et il leur dit que le mieux serait d'aller s'y abriter, que ça les changerait de leurs habitudes, pas de télévision, pas même de lumière, et quant à manger, ha ha ha, mais Mrs Aldridge aurait pu manger n'importe quoi, n'est-ce pas, du moment que ça n'était pas trop raffiné, elle n'aurait qu'à mastiquer un peu de paille comme une saleté de chèvre. Je t'interdis de parler à ma mère de cette façon. Laisse, Edna, je suis au-dessus de ce genre d'attaque personnelle. Elles sortirent donc de la voiture, et Mrs Aldridge se dandina plus ou moins jusqu'à cette grange, Robert devant y courir une fois de plus en avant-garde pour s'y préparer à les y accueillir par ces mots :

— Entrez, entrez, il y a des bouillottes dans tous les lits et les draps sont déjà ouverts pour la nuit. Vous porterai-je une bonne tasse de cacao bien chaud ?

L'idée était donc de s'installer tant bien que mal pour la nuit et que tôt le matin Robert ferait du stop jusqu'à un garage pour que quelqu'un vienne jeter un coup d'œil à la voiture. Tout l'italien que Robert savait, comme il l'avait dit, était du genre *allegro, moderato et lento ma non troppo* et il se rappelait que cette chose en musique qui ressemble à une demi-lune avec un point à l'intérieur s'appelle une *fermata* et il s'apprêtait à dire un truc comme *Fiat fermata* mais il savait ne pas pouvoir aller beaucoup plus loin. Mrs Aldridge se plaignit des Affres de la Faim, mais elle découvrit des bonbons acidulés français dans son sac à main et les croqua tous à grand bruit, puis elle se plaignit de l'Acidité. La pluie continuait de faire rage, mais ils étaient au sec, encore qu'Edna se plaignît des insectes, et bientôt ils furent tous installés pour la nuit dans la paille et s'endormirent. A un moment donné Robert s'éveilla pour constater que la pluie avait cessé et que la lune se levait, que Mrs Aldridge ronflait comme une baleine et qu'Edna couinait doucement, comme il convient à une dame, et il se rendormit.

Ce qui se produisit par la suite fut fort étrange. Robert fut réveillé par un vacarme. La lune s'était cachée derrière un nuage, si bien qu'il ne vit pas d'abord ce qui causait le bruit, mais il distingua très vaguement ce qui avait l'air de Mrs Aldridge qui semblait danser en rond avec quelqu'un d'énorme et il reconnut la voix d'Edna qui faisait oh ! oh ! oh ! et crut apercevoir sa forme plus ou moins rencognée contre le mur de la grange.

– Au nom du ciel, dit Robert, qu'est-ce qu'elle fabrique, nom de Dieu.

– Oh ! oh ! oh !

Et Mrs Aldridge semblait sur le point de rendre l'âme et continuait pourtant à danser en rond en une espèce de valse, et Robert n'arrivait pas à voir avec qui diable elle dansait ainsi, mais son cavalier semblait porter un énorme manteau de fourrure, ce qui était bizarre en août et en Italie par-dessus le marché. Or il se trouve que Robert possédait la bravoure de mon père, il faut du courage pour entreprendre un Marathon, et il fut assez brave pour aller trouver la silhouette au manteau de fourrure et lui demander ce qu'elle pouvait bien fabriquer avec Mrs Aldridge, mais il trébucha sur quelque chose en chemin et tomba dans la paille pour découvrir qu'il avait trébuché sur un homme endormi qui s'éveilla et entreprit de se battre quand Robert lui tomba dessus, mais alors le spectacle si peu clair de Mrs Aldridge dansant s'empara de toute son attention et il se mit à hurler. Il vociférait : *« Bruno! Bruno! Vieni qua, Bruno! »* ou un truc de ce genre. (Nous eûmes une fille pendant deux jours environ à Singapour qui disait venir de Sicile et qu'on appelait Maria la Sporca, une fille dégueulasse qu'il nous fallut renvoyer, mais j'avais eu le temps de retenir deux ou trois de ses mots.)

Alors, Mrs Aldridge fut lâchée et se laissa tomber vraiment épuisée dans le foin et la paille, et ce Bruno vint alors en se dandinant lourdaudement et en pantelant vers cet homme, et la lune sortit avec la force et la clarté d'un projecteur et ce Bruno se révéla être un gros ours brun. Il se vit enjoindre de s'asseoir tranquillement et de ne plus ennuyer quiconque, alors il présenta son gros arrière-train brun à tout le monde et se roula dans la paille et ronfla bientôt comme un être humain. Mrs Aldridge restait vautrée là, sonnée pour de bon, mais bien vivante en tout cas malgré l'épuisant effort, car c'était une grosse et forte femme, fortifiée encore par une excellente alimentation et fort peu d'exercice d'aucune sorte en dehors de la mastication. Ce que cet homme, un gros bonhomme très mal rasé et puant terriblement l'ail, dit alors à Robert fut que le Bruno était un *urso ballante,* et Robert comprit la signification de ces mots, un ours dansant, que cet homme promenait de ville en village, pour des sous, mais qu'ils avaient été surpris par la pluie en quittant un bled nommé Aquarossa ou quelque chose d'approchant, et que l'ours avait fait toute une comédie parce que sa fourrure était mouillée, et qu'ils s'étaient venus réfugier tous deux là, un peu soûls l'un comme l'autre, parce que l'ours Bruno était capable de lamper son vin comme le premier chrétien venu et qu'il avait probablement été réveillé par Mrs Aldrigde quand elle s'était levée pour aller *pisciare* et qu'il avait cru devoir danser avec elle. Lorsque Mrs Aldridge fut en mesure de parler, elle dit que la danse avait bien duré dix minutes selon ses estimations, à tourner encore et tourner toujours sans jamais changer de sens, et qu'elle ne se serait peut-être jamais arrêtée si cet homme ne s'était éveillé pour rappeler son horrible brute.

Et bon, l'aube se leva sur une belle et chaude journée italienne, et cet homme, qui dit s'appeler Alessandro Grosso, avait à manger dans un sac, du saucisson de cheval et de chèvre, un croûton de pain rassis et une grappe de raisin écrasée et il restait encore un peu de *vino* dans une bouteille qu'il avait. Mrs Aldridge mangea du pain et du saucisson et but un peu d'eau de pluie qui avait été recueillie dans un grand baril vide à l'extérieur de la grange, et elle ne dit rien sinon « eh ben », sans cesse répété, mais avec un très long silence entre deux eh ben, et elle ne cessait de regarder l'ours Bruno qui, assis parfaitement silencieux sur son arrière-train, mangeait des raisins comme un homme mais jetait par moments dans sa direction des regards vaguement intéressés du genre j'ai bien l'impression d'avoir rencontré cette bonne femme quelque part. Dans l'éclatante lumière du soleil on pouvait voir les puces qui sautaient un peu partout sur lui comme pour fêter cette belle et joyeuse matinée italienne. Alessandro Grosso, qui se sentait un peu responsable de ce qui s'était passé, comme il était naturel, dit qu'il allait jeter un coup d'œil à la voiture, une Fiat, *italiano,* dit-il, et il farfouilla à l'intérieur du capot pendant que Bruno l'ours gambadait lourdement à quatre pattes en reniflant bruyamment les papillons. C'était les chandelles, dit Alessandro Grosso, en voulant dire les bougies. Il en brandit une en disant *sporco,* puis les nettoya avec son mouchoir et bientôt la voiture démarra, Robert dit, au quart de tour.

Eh ben, Mrs Aldridge s'installa à l'arrière, très coite et donnant l'impression d'avoir eu quelque Sainte Vision, le siège arrière séchait joliment dans le soleil, et Edna et Robert s'installèrent à l'avant, et Robert dit :

– Très bien, mesdames, nous sommes en route pour la Tour Penchée de Pise.

Edna eut une manière de reniflement comme si elle avait souhaité dire que l'ours danseur était entièrement la faute à Robert mais que honnêtement elle ne pouvait tout de même pas et Mrs Aldridge dit : « Eh ben. » Alessandro Grosso souriait de tout son visage mal rasé, faisant de grands signes d'adieu et faisant faire la même chose à Bruno, mais Bruno parut comprendre qu'il était temps de se mettre à danser de nouveau avec Mrs Aldridge et il se dandina vers la voiture en tendant ses grosses pattes avant et en grognant une espèce de hum hum hum pour Installer le Rythme de la Valse, si bien que Mrs Aldridge laissa échapper un hurlement étouffé et la voiture prit le chemin du sud.

Elle roula très convenablement et ils s'arrêtèrent pour le déjeuner, ou plutôt une espèce de gros petit déjeuner, dans une petite ville, et Mrs Aldridge se sentit beaucoup mieux lorsqu'elle eut effacé une *zuppa di verdura* et une double portion de *spaghetti alle vongole* suivie d'une *bella bistecca* (le biftèque est toujours *bella* en Italie, comme la tasse de thé est toujours *nice* en Angleterre) et une grande bouteille d'eau minérale pour faciliter les vents.

– Dommage qu'on ne puisse pas commander une bonne tasse de thé bien fort et des gâteaux à la crème, dit-elle, de telle sorte que Robert sut qu'elle allait bien de nouveau, grosse et forte femme qu'elle était, comme une vieille grosse Vache un peu flapie.

Ainsi poursuivirent-ils leur route à travers l'éclatante journée de l'été italien, et l'éventail de Mrs Aldridge avait gentiment séché et elle s'éventait de nouveau dans la solitude de l'arrière, ne disant rien, car elle continuait comme qui dirait de Visualiser ce qui lui était arrivé pendant la nuit. Du moins Robert se disait-il que c'était ce qu'elle devait Visualiser et c'était ce qu'il Visualisait lui-même, si bien qu'il ne pouvait s'arrêter de rire. Edna dit :

– C'est vraiment infect de rire comme ça après ce que cette pauvre maman a enduré, espèce de brute sans cœur.

– Laisse, Edna, il ne me dérange pas. J'ai depuis longtemps cessé de m'en faire pour ce genre de comportement.

Et puis il n'y eut plus de mots, rien qu'une espèce de gargouillis étranglé et une manière de raclement lointain et voilà que Mrs Aldridge s'abattit la tête la première sur le dos de Robert qui fut quasiment écrasé contre le volant. Edna la vit et poussa un petit cri, puis un plus grand.

– Arrête, arrête-toi, maman est tombée.

Et donc Robert s'arrêta sur le bas-côté de la route.

C'était une petite route, pas l'*autostrada,* dont Mrs Aldridge avait dit qu'elle ne pouvait la supporter à cause des odeurs d'essence et de tous ces gens qui roulaient à tombeau ouvert. Mrs Aldridge était bel et bien morte et, tout d'abord, Edna ne put l'admettre, elle s'efforça de la réveiller, réveille-toi, maman, c'est moi, c'est Edna, en lui claquant les joues, puis en lui donnant des grands coups de poing dans le dos. Mais Robert dit :

– Elle a son compte, ça ne fait aucun doute, la pauvre vieille.

Évidemment, cela fit de lui une brute sans cœur mais Edna n'arrangea pas les choses en braillant contre lui comme si la mort de sa mère était sa faute à lui. Robert resta très calme et dit :

– Écoute, Edna, détends-toi, tu ne la feras pas revenir, elle est morte et puis voilà, et c'est aussi la fin de nos vacances, mais elle sera allée A l'Étranger et même, elle sera morte A l'Étranger, et de cela elle peut nous être reconnaissante, où qu'elle soit maintenant.

Or, si Robert avait été élevé dans la foi catholique, ce qui n'était pas le cas, il aurait entendu par là le Purgatoire, mais en réalité il n'entendait rien du tout puisqu'il ne croyait rien du tout. Edna avait été élevée dans la foi anglicane, ce qui veut dire qu'elle ne croyait rien du tout elle non plus, mais elle pensa que Robert avait voulu dire l'Enfer rien que pour être méchant, Enfer et Paradis n'étant pour les gens comme elle qu'une espèce de conte de fées, guère utile dans la vraie vie, un peu comme la musique. Elle n'en dit pas moins :

– Elle est montée droit au Paradis, elle nous regarde de là-haut maintenant, et elle entend tout ce que tu dis, alors qu'elle ne croyait pas plus au Paradis qu'à l'Enfer, ni à aucun de ces autres lieux auxquels seuls les catholiques croient.

C'était tout simplement que, s'il existait un Paradis, alors, c'était là que sa mère devait être.

Robert dit :

– Il va falloir la faire enterrer assez vite, elle ne tiendra pas longtemps dans cette Chaleur.

Et c'était dire encore une horreur, selon Edna. Et tout simplement dire Il Va Falloir La Faire Enterrer était déjà ce qu'il ne fallait pas dire parce que Edna, tout ignare qu'elle était, savait que l'Italie était un pays Catholique Romain et que sa mère reviendrait la hanter toutes les nuits si on lui faisait des funérailles Catholiques Romaines. Les protestants disent toujours Catholique Romain, comme pour faire des Catholique Anglais des espèces d'étrangers indignes de vivre dans notre Bonne Vieille Angleterre Protestante.

– Fort bien, dit Robert, alors il faut la faire incinérer, et cela lança Edna dans des comment oses-tu proposer de brûler cette pauvre maman oh maman maman reviens il dit des horreurs, stupide petite garce qu'elle était.

D'accord, c'est de la diffamation de ma part mais je ferai sauter ça plus tard quand nous aurons trouvé un éditeur, si cela nous arrive jamais. Et puis Robert dit non, de toute manière on n'incinère pas les gens ici, j'oubliais, l'église de Rome ne croit pas à l'incinération à cause de la résurrection de la chair. Et il entra enfin dans la bonne voie en disant :

– Ce qu'il faudrait en fait, c'est la faire enterrer en

Terre Anglaise, ce qui veut dire la faire Réfrigérer et transporter au pays, ça va coûter gros mais c'est ce qu'il faut faire, et bien sûr pour cette imbécile d'Edna ça n'était toujours pas ce qu'il fallait dire à l'exception de la Terre Anglaise. Autrement dit, poursuivit Robert, très calme, il faut la faire parvenir chez le consul britannique le plus proche et d'après moi le consul britannique le plus proche sera à Gênes et c'est donc à Gênes qu'il faut aller. Mais comme ce serait indécent de laisser son corps comme ça à l'arrière, exposé aux yeux du monde, nous ferions mieux de la recouvrir de son imperméable qui est dans le coffre.

Même Edna était capable de voir que c'était raisonnable. Et ce fut donc fait aussitôt.

Or, comme on pouvait s'y attendre, la voiture tomba de nouveau en panne et Robert ne put s'empêcher de rire tandis qu'ils la poussaient en direction du garage le plus proche. Edna n'avait pas assez de souffle pour lui demander comment il osait rire. Ils eurent de la chance, parce que le garage le plus proche n'était distant que d'un kilomètre environ. Des tas de voitures passèrent, mais personne n'offrit de les aider, les gens se contentaient de faire des signes et de Ricaner et cela fit rire ce pauvre Robert encore plus. Leur Fiat était une voiture très légère, mais le poids de Mrs Aldridge morte ne contribuait pas à l'alléger. Ils arrivèrent à un petit garage Agip qui disait *aperto,* ce qui signifie ouvert, et Robert commença par réfléchir à ce que pouvait bien être l'italien pour Ma Belle-Mère Est Morte Et C'est Elle Vous Voyez Là à l'Arrière, mais ce n'était pas facile. Il avait le sentiment qu'il fallait le dire toutefois parce que les gens du garage risquaient d'être soupçonneux et superstitieux s'ils voyaient ce tas-là à l'arrière avec un imperméable par-dessus et téléphoneraient à la police, et s'il était une chose qui rendrait Edna Hystérique, c'était bien de faire intervenir des policiers étrangers en Armes alors que tout ce qu'elle voulait, c'était conduire feu sa pauvre maman en Terre Anglaise, c'est-à-dire au consulat de Grande-Bretagne à Gênes. Et bon, tout ce que Robert tirait de son italien musical était *morendo,* qui veut dire mourant et se trouve à la fin de certaines pièces de Chopin. Il ne put rien trouver d'autre et garda donc le silence à ce propos. Les hommes du garage, en fait un père et son fils, jetèrent un coup d'œil au tas à l'arrière mais ils durent croire qu'il s'agissait d'un gros paquet de linge sale, parce que après leur coup d'œil ils n'y firent plus attention. Ils tripotèrent sous le capot de la voiture et puis le fils prit place sur le siège du conducteur et joua avec les vitesses et le starter et tenta de faire démarrer le moteur, puis il se mit à renifler, sniff, sniff. Et puis il dit: « *Formaggio?* » Mais Robert ne comprit pas le mot qui veut dire fromage mais il comprit au reniflement que l'odeur avait commencé et il s'en rendit compte par lui-même en mettant le nez à l'intérieur.

En tout cas, il n'y avait à peu près rien qui fonctionnât dans cette foutue voiture, tant elle était vieille, elle avait fait plus de cent cinquante mille kilomètres, les vitesses passaient mal et les disques de freins étaient usés et Robert ne put s'empêcher de marmonner:

— C'est ta faute, espèce de vieille garce, mais toi, tu t'en tires bien.

Edna ne l'entendit pas, elle était effondrée sur une chaise qu'on lui avait donnée parce qu'elle avait fait comprendre comme qui dirait par signes qu'elle n'était pas loin de s'évanouir. Les deux mécaniciens firent quelque chose qui comportait des petits morceaux de fil de fer, et ils firent comprendre par signes qu'il ferait bien de se débarrasser de la voiture et d'en acheter une neuve, et alors le corps à l'arrière de la voiture produisit une espèce de grognement et tenta comme qui dirait de se soulever, et les deux hommes ne surent trop s'ils devaient s'enfuir ou faire le signe de la croix. Alors Robert se jeta à l'eau pour expliquer ce qui s'était produit disant :

— Sa madre cardiaco molto vieille, très bien, très bien, *tutto finito*.

Ils le regardèrent avec des yeux ronds et puis ils essayèrent de faire démarrer la voiture et puis ils réussirent. Robert les paya et puis Edna et lui s'en allèrent aussi vite que possible parce que même Edna put se rendre compte que le père et son fils s'entre-regardaient comme si quelque chose de très louche s'était passé, la vieille assassinée pour son magot. Vraiment vite était hors de question, puisque la vieille Fiat se traînait seulement en seconde et il allait leur falloir un sacré bout de temps pour rallier Gênes.

Le soir tombait quand ils atteignirent Vado Ligure, et Robert insista pour s'enfoncer dans les terres où personne ne pourrait voir ce qu'ils avaient dans la voiture, Vado Ligure étant sur la côte, je le sais bien puisque j'y suis allée, et bourré de monde en été. Il dit :

— Il va falloir qu'on dorme dans la voiture cette nuit, tu le sais, nous ne pouvons pas nous permettre de laisser les gens y fourrer leur nez.

C'était dommage qu'il eût choisi ce mot, le mot juste à vrai dire, mais ce n'était pas très gentil pour le cadavre de la mère d'Edna qui, aux yeux d'Edna, devait de plein droit sentir la violette. Elle vit que Robert avait raison mais dit quand même :

— Mais enfin, maman est là, il n'y a pas la place pour dormir à deux à l'avant. Sans compter, et Robert sut ce qu'elle avait voulu dire bien qu'elle ne le dît pas, on ne dort pas avec un cadavre, lequel commençait bel et bien à cocotter, même s'il eût dû à bon droit sentir l'essence de rose.

Aussi dit-il :

— Prenons cette route secondaire, si cette foutue caisse veut bien nous y emmener, et puis nous la hisserons sur le toit. Car enfin, il y a une galerie et après tout elle n'est plus qu'un bagage désormais, je veux dire que ta vraie mère est là-haut, au Paradis, n'est-ce pas ? N'est-ce pas ?

Et Edna dut reconnaître que sa chère maman était là-haut parmi les Anges et que le corps qu'elle laissait derrière elle n'était qu'un peu, enfin beaucoup, de vieille poussière. Mais elle se mit à pleurer et à cogner des poings contre Robert lorsqu'il dit :

— Au fait, il faudrait récupérer l'argent qu'elle a caché dans son corset, c'est à toi de le faire, mon amour, par décence.

Mais Edna dit qu'elle en était incapable et qu'elle refusait de le faire. Robert troussa donc les jupes de Mrs Aldridge et découvrit un bon petit paquet de billets de cinq livres glissé à la lisière de son corset, bien gentiment à l'abri, et il les mit dans sa poche, ils étaient encore chauds, et Edna aurait voulu pleurer mais n'y parvint pas, tandis qu'elle parvint à articuler :

— Donne-moi cet argent, que je le mette dans mon sac, c'est l'argent de ma mère, pas le tien, espèce de brute sans cœur.

Il voyait mal le raisonnement mais tendit les billets.

Hisser Mrs Aldridge sur le toit de la voiture fut un boulot épouvantable et Edna n'aida guère. Robert avait un bout de corde à remorque dans le coffre et il y avait aussi un morceau de bâche et il comprit qu'il aurait dû l'utiliser auparavant quand la pluie avait commencé à tomber à verse.

– C'est une grue qu'il faudrait, bon sang, dit-il à Edna.

C'était un poids mort, Mrs Aldridge, ce qui est parfaitement conséquent. Il tenta de lui nouer la corde sous les aisselles et de monter sur le toit pour l'y hisser tandis qu'Edna faisait semblant de la pousser, mais ça ne marchait pas. Puis ils virent un vieux chêne avec une grosse branche qui faisait saillie et il poussa donc la voiture jusque-là puisqu'elle refusait de démarrer, puis il traîna Mrs Aldridge dans l'herbe juste sous cette branche. Il fut alors en mesure de hisser Mrs Aldridge de manière à ce qu'elle se balance au bout de la branche et il fixa l'extrémité de la corde à une autre branche plus basse et put balancer Mrs Aldridge jusqu'à la galerie. Il suait sang et eau et avait une soif infernale quand il eut fini de la recouvrir de la bâche et de l'entourer de deux tours de corde, et elle faisait ployer le toit, mais du moins semblait-elle fermement fixée là-haut, tout irait bien jusqu'à l'arrivée à Gênes. Puis Robert parcourut un long chemin à pied et finit par trouver une épicerie qui faisait aussi bar et où des vieillards jouaient aux cartes, et il acheta deux grandes bouteilles de *vino,* une miche de pain, du fromage (ce fut là qu'il apprit ce que *formaggio* signifiait) et une boîte de bœuf en gelée israélien qui devait je pense être casher, du chocolat au lait suisse et même un couteau, et ils soupèrent dans la voiture, avec Mrs Aldridge sur la tête. Après quoi ils dormirent, Edna s'allongeant autant qu'elle pouvait à l'arrière, et au beau milieu de la nuit elle s'éveilla en hurlant :

– C'est les corbeaux, ils sont venus picorer maman !

Mais ce n'était que les branches du chêne qui craquaient et s'entrechoquaient.

Ils eurent un mal fou à se mettre en route le lendemain matin, la voiture se contentant tout au plus d'imiter Mrs Aldridge, en cela qu'elle n'était plus qu'un gros tas inerte et Robert dit :

– Bon, puisque j'espère rallier le consulat de Grande-Bretagne, je ferais mieux de faire une dernière toilette.

Il pensait à se raser mais Edna crut bien sûr que c'était une nouvelle allusion désagréable à sa pauvre mère. Il n'y avait pas d'eau à la ronde et il s'humecta donc le visage avec ce qu'il restait du *vino* et le rasa en se regardant dans le rétroviseur de la voiture. Cela produisit en apparence un effet magique sur la voiture elle-même, à croire que tout ce qu'elle voulait était que quelqu'un se rasât en elle, car elle accepta de démarrer. Et les voilà partis, toujours en seconde, vers Gênes. Mais alors ils entendirent un bruit épouvantable et Edna s'écria :

– Oh, oh, c'est cette pauvre maman !

Et c'était bien ça. Les nœuds de la corde n'étaient-ils pas assez serrés, les Substances qui suintaient du corps mort de Mrs Aldridge avaient-elles rongé la corde comme un Acide, toujours est-il qu'elle avait quitté le toit de la voiture pour aller s'écraser dans la poussière de la route italienne. Ce pauvre Robert découvrit que la voiture refusait de passer en marche arrière et il dut donc parcourir plusieurs mètres à pied pour parvenir à l'endroit où Mrs Aldridge gisait dans la poussière de la vieille Italie, et ensuite traîner cette dernière par les pieds jusqu'à la voiture. Edna ne cessait de l'invectiver pour son Irrespect, mais il se contenta d'aboyer comme une bête sauvage et de suer sang et eau jusqu'à ce qu'il l'eût replacée dans sa position première, à l'arrière de la voiture. Elle ressemblait encore à Mrs Aldridge, mais une Mrs Aldridge morte depuis deux jours dans la chaleur d'un Pays Étranger. Comme il restait encore l'odeur du *formaggio* dans la voiture depuis le souper, qu'ils y avaient fait, et qu'il soufflait un vent chaud qui fleurait l'ail, le thym et le romarin, Robert eut le sentiment qu'il pourrait supporter la pourrissante Mrs Aldridge jusqu'à Gênes, quant au nez d'Edna, il était si bouché d'avoir tant pleuré sa Pauvre Maman qu'elle ne sentait plus rien du tout.

Or il se trouve qu'ils n'arrivèrent jamais à Gênes. Il faut bien dire qu'il y a un truc en Italie et c'est que bien que très civilisé et très vieux, le pays est aussi habité de beaucoup de violence, avec des tas d'enlèvements et de vols à main armée. Certains vous diront que c'est parce que c'est un pays Catholique Romain qui ne connaît pas les avantages de la Loi et de l'Ordre Protestant et d'autres que l'Italie est si vieille qu'elle vit encore comme qui dirait au temps de Jules César qui jetait les personnes aux lions et de Lucrèce Borgia que j'ai vue un jour à la télé empoisonner tous ceux qui lui tombaient sous la main. Et d'autres encore disent que la police est mauvaise et sous-payée et toujours de Mèche avec les Criminels, constituant donc un encouragement au crime. Quelle que soit la raison, Robert,

Edna et feu Mrs Aldridge firent bientôt la découverte de la criminalité italienne. Tandis qu'ils se traînaient en seconde le long de la route, ils furent comme qui dirait pris entre deux feux.

Il y eut une grosse voiture qui arrivait à toute vitesse, venant de Gênes dans un nuage de poussière, puis une autre, avec POLIZIA écrit dessus qui poursuivait la première. Des hommes en uniforme penchés hors des fenêtres de la voiture de police tiraient des coups de pistolet et, Robert devait le déclarer par la suite, d'une espèce de mitraillette. Ce n'étaient pas de très bons tireurs car ils n'avaient pas bénéficié de l'excellent entraînement aux armes à feu que dispense notre bonne vieille et paisible Angleterre où les policiers ne sont pas armés mais sont tous des tireurs d'élite quand on le leur demande, et où l'on a 007 pour donner l'exemple à tous ceux qui s'opposent aux Ennemis de la Reine. Il arriva que ces policiers italiens s'arrangèrent pour trouer le pneu d'une des roues arrière de la voiture de devant qui se mit à déraper, ce qui permit aux policiers de la rattraper. Il arriva aussi qu'une balle de la police atteignit Mrs Aldridge, après avoir fracassé le pare-brise et raté de peu Robert et Edna. Edna s'évanouit, comme il se doit, et Robert se mit à trembler comme une feuille, ce qui constitua le premier des accès de tremblement auxquels il allait devenir sujet par la suite, comme je le dirai plus tard. Il savait que quelque chose avait atteint Mrs Aldridge, car elle tomba sur le sol à l'arrière de la voiture où il n'y avait d'ailleurs pas assez de place pour son corps tout entier.

Il s'avéra que la voiture que les policiers avaient prise en chasse était celle des auteurs d'un enlèvement.

Il y a un tas d'enlèvements en Italie, où les gens sont prêts à enlever tout ce et tous ceux qui passent à leur portée. Vous avez les Brigades Rouges et les Brigades Noires, qui enlèvent des hommes politiques pour défendre la Justice Sociale, et vous avez la Mafia, et puis les auteurs d'enlèvements ordinaires qui pratiquent ça comme une petite affaire privée. Il y a même eu un film intitulé *Casanova,* de Fellazione, ou Fellini, ou je ne sais qui, qui a été enlevé. Les auteurs de l'enlèvement qu'avait ratés la balle qui avait atteint Mrs Aldridge travaillaient sur une base modeste. Ils avaient ramassé sur la route un gamin qui rentrait de l'école dans une bourgade des environs de Gênes, et ils croyaient tenir le fils du propriétaire d'un journal. Ils tenaient en fait l'un des neuf enfants d'un boucher. Un rien de jugeote aurait suffi à leur dire que le fils d'un propriétaire de journal ne fréquenterait pas la même école que le fils du premier boucher venu, mais ce n'étaient pas des preneurs d'otages très malins. Bref, ils se firent arrêter par la police et le gamin retrouva son papa et sa maman et se plaignit parce qu'il avait participé à une belle petite aventure comme au cinéma et voilà qu'il devait retourner à l'école le lendemain matin comme si de rien n'était.

Restait maintenant la question de Mrs Aldridge. Un inspecteur de police inspecta la pare-brise fracassé, c'était son travail, sans quoi on ne l'aurait pas appelé inspecteur, et puis il inspecta le corps de Mrs Aldridge dont, et personne ne songera à le lui reprocher, l'aspect ne lui plut guère. Le corps fut chargé à bord d'un fourgon de police et emmené à la Questura de Gênes, et Robert et Edna, qui n'arrêtaient pas de faire eh ben et oh, exactement comme sa mère au moment de l'épisode de l'ours danseur, furent conduits à la même Questura à bord d'un autre véhicule, puis introduits dans un bureau où la police commença par rudoyer Robert pour s'être trouvé sur la trajectoire des balles, la police commençant toujours par vous rudoyer même si vous êtes innocent, puis se décida à présenter des excuses. Mrs Aldridge avait été refroidie dans une espèce de morgue, et une espèce d'assistant du médecin de la police entreprit d'extraire la balle à travers les couches de graisse de Mrs Aldridge. C'était une balle de la police, cela ne faisait aucun doute, mais avait-elle tué Mrs Aldridge ou cette dernière avait-elle succombé au choc, mieux valait n'en pas discuter, parce que personne n'aurait pu le dire.

Edna était elle-même en état de choc et on dut lui faire une piqûre et l'emmener d'urgence à l'hôpital. Par la suite on devait l'installer dans un des hôtels les moins coûteux de Gênes parce que c'était aux frais de la police et que la police refusait de l'installer dans l'un des plus coûteux. On fit venir pour parler avec Robert un commissaire de police qui connaissait un peu d'anglais américain parce qu'il avait jadis passé des vacances à Mulberry Street, dans la Petite Italie, à New York, chez son frère, qui faisait de la statuaire religieuse. Robert n'arrêtait pas de dire :

– Vous êtes responsable. Enterrement et tout. Dédommagement. Sinon gros ennuis entre votre gouvernement et le mien.

– Combien dé dédommazement qué vous croyez vous l'avoir ? demanda le commissaire.

– D'abord une nouvelle voiture.

Ce fut alors que le commissaire et l'inspecteur et ce qu'il pouvait y avoir d'autres flics assis dans ce bureau sous un crucifix accroché au mur prirent l'air très triste et aussi très roublard. La voiture avait été abandonnée sur la route avec son pare-brise fracassé, et les vautours du coin l'avaient emportée et Robert ne la reverrait plus, point final. Ils étaient prêts à donner à Robert quelques milliers de lires et ils s'engageaient à veiller à ce que Mrs Aldridge fût enterrée dans un des cimetières du lieu — un cimetière catholique, parce qu'il n'y avait pas de cimetière protestant disponible, sauf pour les grands poètes protestants défunts, mais alors il fallait des tas d'arrangements avant d'obtenir une place dans un de ceux-là. Des tas de discussions et de formulaires à remplir, dit le commissaire. Robert déclara :

— Je veux qu'on lui donne une pierre tombale convenable. Elle n'a pas besoin d'être trop coûteuse, parce que ma belle-mère n'eut jamais le goût du luxe, mais je veux une inscription sur sa tombe. Celle-ci et rien d'autre : C'EST ICI QU'ELLE GÎT, LA VIEILLE VACHE.

Le commissaire savait suffisamment d'anglais américain pour comprendre qu'il ne s'agissait pas d'une épitaphe, si c'est le mot juste, très révérente ni révérencieuse, mais Robert dit :

— Vous ne semblez pas vous rendre compte que la vache est à nos yeux à nous quelque chose de fort précieux. Elle est sacrée pour les Indiens, et l'Inde fit partie de notre grand Empire, jusqu'à ce que le gouvernement travailliste la brade. Et chez nous aussi, dans les vertes prairies d'Angleterre. Mrs Aldridge était une vache à mes yeux, et elle était vieille, VIEILLE VACHE est donc ce qui convient le mieux. C'est ce que sa fille souhaiterait.

Robert reçut quelques milliers de lires et alla se

soûler avec avant de regagner l'hôtel bon marché où des lits jumeaux l'attendaient pour le temps qu'Edna allait passer sous Sédation. Il reçut l'assurance que la pierre serait taillée et gravée et il rédigea l'inscription en grosses capitales pour que le tailleur de pierre ne se trompe pas. Edna, qui geignait beaucoup mais, pour le reste, allait fort bien, vit la tombe avant qu'elle ne fût gravée, et on lui dit que l'inscription serait À LA MEILLEURE DES MÈRES QUI FÛT JAMAIS, puis elle y déposa quelques fleurs italiennes. La police paya ensuite leur vol de retour vers l'Angleterre – en classe touriste, évidemment.

Dans l'avion qui les ramenait Robert ne cessait de rire, puis de s'enfermer dans un silence très morose, puis de trembler comme une feuille, à tour de rôle et en rythme, tandis qu'Edna se contentait d'être très blanche, très geignarde et très tremblotante tout le temps. Juste avant l'atterrissage à Heathrow, Robert dit, à très haute voix :

Il est un coin de terre étrangère
Qui est à jamais Mrs Aldridge

et il ne cessa de rire jusqu'à la station de taxis. Dans le taxi qui les ramenait à Hammersmith, toutefois, Robert devint très morose et Edna ne fit pas grand-chose pour le rasséréner car elle répétait sans cesse :

– J'ai peur de rentrer, j'ai peur. Toutes les affaires de maman sont là-bas. C'est comme si maman y était encore, pour ainsi dire. Et en même temps elle est morte. Dans un cimetière Catholique Romain en terre étrangère. Hououou.

Alors Robert devint méchant et dit :

– Ah, ferme-la, tu veux? Mets-y une sourdine ou je te fous mon poing dans la gueule, t'entends?

Comme on peut l'imaginer, la vie ne fut très agréable ni pour l'un ni pour l'autre. La maison était restée fermée et l'été était chaud même en Angleterre, l'odeur de Mrs Aldridge traînait partout. Puis Robert se mit à avoir des cauchemars dans lesquels Mrs Aldridge entrait dans sa chambre et se contentait de le regarder avec une espèce de lueur bleue qui lui sortait des oreilles et une voix semblable à celle de Dieu qui disait: Voici La Lumière Qui Sort Du Gorgonzola, et il se réveillait en hurlant. Edna refusa de partager sa chambre et prit l'habitude de dormir dans celle de sa mère. Un jour Robert dit:

– Ma foi, une chose est sûre en tout cas, avec l'argent de l'assurance de la voiture, quand nous le toucherons, si nous le touchons jamais, je pourrai peut-être m'acheter un piano d'occasion, ça ne donnerait plus de Migraine Épouvantable à personne.

Mais Edna se mit à hurler en le martelant de coups de poing et dit:

– Non, non, non, non, jamais. J'honorerai la mémoire de ma chère maman jusqu'à ma propre mort, et l'argent servira à acheter une concession au cimetière et une tombe avec son nom dessus et quand mon heure viendra, je m'y ferai moi-même enterrer.

Et elle le martela encore un peu de ses poings. Robert dit:

– Un simple renseignement, quelle sera la Nature de notre Vie Conjugale à tous les deux? J'entends: aurons-nous encore une Vie Sexuelle, par exemple? Encore qu'on ne puisse pas dire que nous en ayons eu une.

Cela ne fit qu'empirer les choses. Saleté, cochonnerie et blasphème. Comment oses-tu évoquer seulement cette chose horrible, le Sexe. Alors Robert n'évoqua plus le Sexe et continua son petit bonhomme de chemin.

Mais Robert n'allait pas bien, comment s'en étonner. Chez Sassoon où il travaillait il commit une terrible erreur. Il se trompa de produit chimique dans une quelconque manipulation du premier Lot Expérimental de Sassafourrage pour le Bétail, comme on l'appelait, et le premier Repas Expérimental tua six ou sept veaux mâles de la Ferme Expérimentale du Hampshire. La Direction le convoqua et lui dit qu'il était un brave homme et un excellent travailleur mais qu'il y avait manifestement quelque chose qui Clochait terriblement et lui conseilla, puis à vrai dire lui enjoignit, de voir un médecin. Le médecin dit qu'il était épuisé et avait besoin de repos, et on le renvoya chez lui avec un demi-salaire jusqu'au jour où il irait mieux et pourrait le prouver par un certificat médical. Ils se retrouvèrent donc, Edna et lui, à la maison toute la journée et Robert jouait tout le temps sur son clavier muet et cela rendait Edna presque folle, lui donnait envie de hurler, comme elle disait. Elle déclara qu'elle allait prendre un emploi et alla travailler à la comptabilité du supermarché Bonnebouffe de Chiswick High Street, car elle avait travaillé chez un comptable avant son mariage. Mais c'était une Torture pour elle, disait-elle, de devoir rentrer le soir pour voir Robert jouer sur son clavier muet et elle s'Immergeait dans la télé jusqu'à l'heure du coucher.

Puis un beau jour que Robert se promenait tout seul au soleil de Broadway, dans Hammersmith, il tomba sur une boutique de brocante, pleine d'horrible drouille, et au beau milieu de la drouille il y avait ce que l'on appelle un orgue américain. J'en avais un, comme on le sait, dans l'Établissement de Singapour. On s'assied devant et l'on pompe l'air à l'aide de deux pédales, pied gauche, pied droit, comme on ferait du vélo. C'est le genre d'instrument qui avait toujours fait frissonner mon papa, cela lui rappelait d'horribles hymnes, comme *Tout est radieux et beau* ou *Assemblons-nous au bord du fleuve,* une espèce d'instrument de musique protestant, en somme. Or, Robert entra et demanda au bonhomme s'il pouvait l'essayer et le bonhomme dit oui et Robert joua des morceaux de Wagner et de de Tchaïkovski (merci, Rolf), si bien que le bonhomme dit :

— On peut dire que vous savez jouer de ce machin.

Puis il rota et ajouta :

— Cinq livres et il est à vous.

— Je peux vous donner des Choses, dit Robert, qui valent beaucoup plus de cinq livres. Attendez. Ne le vendez à personne d'autre. Je reviens.

Et il rentra chez lui et alla prendre dans la cuisine deux de ces grands sacs de plastique bleu dont on se sert pour les ordures et il entreprit de les remplir des bibelots de Mrs Aldridge — chiens de porcelaine et petites filles dont le vent soulève la jupe, faisant apparaître leur culotte de porcelaine et figurines de ce que Mrs Aldridge avait l'habitude d'appeler des Dieuesses Païennes, et aussi de fort bonnes assiettes, du sèvres je crois bien, que Mrs Aldridge avait eues à des enchères et dont elle disait qu'elles étaient Trop Bonnes Pour S'en Servir, et un service à thé Constable complet et aussi une cafetière électrique qu'ils n'avaient jamais utilisée parce qu'ils préféraient le café instantané, et il termina par une poignée des bijoux et colifichets de Mrs Aldridge, certains contenant même de l'or véritable, et le voilà reparti pour la brocante. Le bonhomme était en train de déjeuner et sortit en mastiquant. La vue de tout ce déballage éveilla ses soupçons.

— C'est à ma mère, dit Robert (et j'ai l'impression que quelque chose arpente ma tombe et m'envoie des frissons quand je répète cela). Elle vient de mourir, la pauvre vieille.

Bref, la conséquence ou le résultat fut que le bonhomme dit d'accord mais vous vous chargerez de déménager c'te machin, là, l'orgue américain.

Robert repartit donc dans la rue et eut la chance de tomber sur un charbonnier qui chargeait sa charrette et partait pour une livraison juste au coin de là où Robert habitait et qui accepta de lui livrer l'orgue moyennant une livre. Robert s'installa à l'arrière avec les sacs de charbon et l'orgue et il joua même la marche nuptiale d'*Ysengrin,* à travers les rues d'Hammersmith, ce qui prouve qu'il n'allait vraiment pas bien.

Robert dut glisser cinq shillings à l'aide du charbonnier pour qu'il lui donne un coup de main et ils installèrent l'orgue américain en haut de l'escalier sur le palier, près de la salle de bains parce que c'était là que Robert tenait à le mettre. Évidemment, l'instrument était tout couvert de charbon et Robert le nettoya très soigneusement à l'aide d'une des nappes à thé de dentelle de Mrs Aldridge, mais il ne prit pas la peine de se nettoyer lui-même, parce qu'il était très impatient de se remettre à jouer, à jouer pour de bon, en produisant de vrais sons. Il aurait de beaucoup préféré un piano, bien sûr, mais c'était mieux que rien, sans compter que cela cadrait bien avec ce qu'il croyait devoir faire lorsque Edna rentrerait.

Lorsque Edna entra avec sa propre clé elle entendit comme qui dirait une Musique Solennelle qui venait de l'étage et elle s'y précipita et fit un tintouin d'enfer et gémit et tenta de le battre, et il la saisit pour l'empêcher de le battre et elle fut couverte de poussière de charbon. Quand elle découvrit ce que Robert avait fait pour acheter l'orgue américain, que toutes les jolies choses que sa mère préférait avaient disparu, elle geignit plus encore et frappa plus fort et se couvrit d'encore plus de poussière de charbon. Puis Robert fit mine d'être très contrit et dit qu'il rapporterait l'objet dès le lendemain et récupérerait toutes les Adorables Petites Choses de Mrs Aldridge, allez, embrassons-nous et réconcilions-nous mais elle dit va-t'en, tu es horrible, sale cochon.

Elle ne se tut qu'en découvrant combien elle était sale, elle en avait même plein les cheveux, et elle déclara qu'elle allait prendre un bain et s'occuperait de lui pour de bon quand ce serait fait.

– C'est ça, ma chérie, dit Robert, j'ai allumé le chauffe-bain. Quelque chose me disait que tu voudrais prendre un bain.

– Quelque chose te disait que tu devrais prendre un bain, toi, dit-elle. Tu es crasseux. Tu en prendras un quand j'aurai fini.

– Nous pourrions le prendre ensemble, ma chérie, dit Robert, gentil comme tout.

Et bien sûr c'était dégoûtant et une horreur et quand elle entra dans la salle de bains, elle s'y enferma à double tour. Robert se tint très doucement derrière la porte et écouta l'eau qui coulait. Puis il dit très fort à travers la porte :

– Je vais te jouer de la musique, ma chérie.

Elle fit des bruits à travers celui de l'eau qui coulait que Robert comprit comme signifiant qu'elle ne voulait pas de musique, que cela lui collerait une Migraine Épouvantable. Il eut une espèce de sourire, du moins me l'a-t-il raconté, et s'assit sur la chaise boudoir qu'il était allé prendre dans la chambre d'Edna qui avait été celle de sa mère et il se mit à jouer l'hymne *Plus près de toi, mon Dieu.* Et il lui lança à travers la porte de la salle de bains :

– Entends-tu ce que je joue, Edna, ma chérie ? C'est l'hymne qu'on a chantée sur le *Titanic* quand il a coulé et ça veut bien dire ce que ça veut dire. *Plus près de ton Dieu.* Je vais entrer. Et quand je ressortirai, je jouerai de nouveau cette hymne mais tu ne l'entendras plus.

Alors il tenta de forcer la porte mais n'y parvint pas. Il descendit donc chercher le marteau dans le tiroir à outils, remonta et entreprit de démolir la porte. Cette fois Edna se mit à hurler comme si elle était prête à tuer. Drôle d'expression, si l'on songe que c'était plutôt le contraire. C'était trop long avec le marteau, il redescendit donc prendre la hache dont ils se servaient pour fendre le bois avec lequel ils démarraient le feu, et la hache traversa l'un des panneaux bien proprement et il put introduire la main et ouvrir la porte.

Évidemment, Edna n'était plus dans le bain, ce qui le surprit un peu, car il avait eu clairement à l'esprit l'image de sa femme attendant dans l'eau, comme qui dirait recroquevillée, prête à y être enfoncée et noyée.

Mais elle était là toute nue, mouillée et glissante, et lorsque Robert s'approcha d'elle dans ses vêtements tout couverts de poussière de charbon, il se mit en tête que ça n'allait pas et entreprit donc de se déshabiller. Puis il lui dit, quand il fut presque nu :

— Nous allons retourner dans cette baignoire, toi et moi, Edna, un point c'est tout. Alors prépare-toi.

Son idée était de se coucher sur elle et de la maintenir sous l'eau. Et bon, on imagine facilement les éclaboussures quand il entreprit de la repousser dans la baignoire, tout bras et jambes, et l'on devine ce qui se passa. Il n'y eut pas de meurtre, ce soir-là. Elle geignit et hurla et le battit d'abord, mais elle pouvait difficilement prétendre que c'était sale et dégoûtant pour une fois. Robert rougit et hésita un peu quand il en vint à cette partie de son histoire, mais je lui dis qu'il ne pouvait pas me choquer, moi, qu'il continue, et donc il me raconta tout. Ce fut la première fois que l'un ou l'autre tirèrent quelque chose de la sexualité, me dit-il, et à compter de ce soir, ils laissèrent le chauffe-bain allumé en permanence. Edna, comme on pouvait s'y attendre, n'en avait jamais assez désormais et ils étaient de loin le couple le plus propre de tout Hammersmith. Robert retourna au travail, guéri, et lorsqu'il rentrait il trouvait Edna qui l'attendait, toute prête, et pas forcément tout le temps dans la baignoire, l'électricité coûte cher ; et le tapis devant la cheminée faisait aussi bien l'affaire. Avant longtemps ils eurent de nouveau un piano dans la maison, un machin japonais, mais Edna ne lui laissait guère le temps de travailler. Tout cela vous montre l'importance de la Sexualité dans la vie des gens, que je n'ai personnellement jamais mise en doute et que j'ai passé un sacré temps à essayer de faire voir aux gens.

Et j'en arrive au nom que vous connaîtrez, même si vous n'y connaissez pas grand-chose en musique, le petit William Batross, fils de Robert et d'Edna, et prénommé en l'honneur de mon pauvre papa, Enfant Prodige à l'âge de sept ans pour lequel Richard Rodney Bennett écrivit ce concerto, sans octave, à cause de la petitesse de ses mains. Le gamin avait un instinct naturel que son père fit de son mieux pour cultiver et l'on peut dire que c'était enfin la réalisation du Don de la Famille. Cela faisait bien longtemps qu'il cherchait à se matérialiser, échouant avec mon papa et réussissant d'une manière bien tordue avec sa fille (une Manière Métaphorique, dit Petulia), échouant de nouveau avec Robert et puis éclatant comme une fleur s'épanouit avec le petit Billy. Plus si petit désormais, c'est un jeune homme de vingt ans en cette année 1984, beau garçon avec quelque chose de l'expression de son arrière-grand-père, gagnant de l'argent pour lui-même et pour Robert, qui lui sert d'imprésario, et offrant sa belle musique au monde.

Si seulement mon pauvre papa avait pu prévoir ça quand il s'acharnait dans son Marathon. Ça lui aurait peut-être rendu les choses plus faciles, et puis peut-être que non. Mais enfin rien n'a été gaspillé. Du sang d'un joueur de piano, pour ainsi dire, un Pianiste est né enfin.

Je crois que je devrais faire sauter ces mercis, Rolf, mais ils étaient sincères sur le moment. Rolf a dit que taper ce truc l'a aidé à venir à bout de sa crampe, et il m'a montré les quelques premières pages de son propre truc qu'il avait commencé. Seulement il y avait vingt fois FOUTRE rien que dans la première page, et des gens qui baisaient sous hallucinogène et des hommes qui se mettaient les uns les autres dans le cul. Et je lui ai dit :

– Ah non, je ne veux pas de ce genre de Saleté sous mon toit, même si c'est celui de ma maison de campagne, alors, referme ton sac à dos et tire-toi.

Ce qu'il a fait, tout heureux, emportant deux de mes bagues et un collier et ma petite radio. Ça va, ça vient, comme on dit. M. Belfond, qui joue du violoncelle dans l'orchestre de Nice, m'a transcrit le morceau de musique que je vous ai promis au début et le voici :

p
cresc.
cresc.
cresc.
cresc.
mf
mp
f
mf

Pianistes

Mr Yamasaki m'a emprunté la Méthode de mon papa à Singapour, mais je ne l'ai jamais revu et je ne peux rien prouver. Ce morceau figure au début de la Méthode et il porte différents noms – *Valse sur les cordes libres, Regarde maman sans les Mains,* etc. – mais il est surtout connu sous le titre de *Bas les pattes.* Mon papa était convaincu qu'avec sa Méthode tous les enfants pourraient jouer Mozart en un mois. Ce fut la seule chose sur laquelle il se montra jamais optimiste.

Cet ouvrage a été réalisé sur
Système Cameron
par la SOCIÉTÉ NOUVELLE FIRMIN-DIDOT
Mesnil-sur-l'Estrée
pour le compte des Éditions Grasset
le 24 février 1989

Imprimé en France
Dépôt légal : février 1989
N° d'édition : 7868 – N° d'impression : 11154
ISBN : 2-246-41471-7